中国地质调查成果

菲律宾矿业投资环境研究

雷蕾 著

地质出版社

·北京·

内容提要

金属矿产资源是不可再生的耗竭性资源，中国面临镍、铜等金属矿产资源人均储量不足、保障程度不够的现实问题。拓展国际市场，利用周边资源优势国家的矿产资源是中国实施“走出去”战略的主要途径。菲律宾地缘优势和资源优势并存，一些发达国家已经通过各种方式投资于该国的矿产品，中国应及时发展菲律宾矿业投资领域，解决中国国内镍、铜等资源不足问题。

本书试图从镍、铜资源在全球、中国和菲律宾的现状分析入手，依据比较优势、资源禀赋等理论，通过分析近20年菲律宾五大投资环境数据，研究菲律宾矿业投资环境的问题，提出中国政府、企业、投资者应加强与菲律宾当地华人、华商的沟通交流，避免发生资源民族主义问题，鼓励中国更多民营企业“走出去”，建立有效的风险规避措施和风险预案，进行矿业投资的同时也可带动其他相关项目的开发等对策建议。

本书可供矿业投资等相关领域人员参考阅读。

图书在版编目（CIP）数据

菲律宾矿业投资环境研究／雷蕾著．—北京：地质出版社，2024.8
ISBN 978-7-116-14011-0

Ⅰ.①菲…　Ⅱ.①雷…　Ⅲ.①矿业投资－投资环境－研究－菲律宾　Ⅳ.①F434.161

中国国家版本馆CIP数据核字（2023）第257450号

FEILÜBIN KUANGYE TOUZI HUANJING YANJIU

责任编辑：肖莹莹　费详惠　蔡卫东
责任校对：陈　曦
出版发行：地质出版社
社址邮编：北京市海淀区学院路 31 号，100083
电　　话：（010）66554649（邮购部）；（010）66554632（编辑室）
网　　址：https：//www.gph.clmpg.com
传　　真：（010）66554576
印　　刷：北京地大彩印有限公司
开　　本：787mm × 1092mm　1/16
印　　张：6.5
字　　数：164 千字
版　　次：2024 年 8 月北京第 1 版
印　　次：2024 年 8 月北京第 1 次印刷
书　　号：ISBN 978-7-116-14011-0
定　　价：68.00 元

目　录

1 导 论

1.1 研究背景

中国是一个飞速发展的新兴国家，发展经济、改善经济结构是当前国家的主要任务。任何国家的经济发展都离不开矿产资源的利用，矿产资源是国家发展的基本条件，维持矿业可持续发展是提高经济效益、发展生产力、保持经济可持续发展的重要支柱。而中国已经成为世界上最大的矿产资源消费国，资源紧缺、能源不足等问题成为中国经济稳定、可持续发展的瓶颈。

1）保障镍、铜等金属矿产资源供给是国民经济发展的必要条件，是可持续发展的重要环节。目前，中国镍、铜等有色金属矿产资源严重不足，对外依存度较高。其中镍资源是稀缺性金属矿产资源，也是国内投资者乃至全球关注的战略性矿产资源、生产不锈钢的主要矿物来源。另外，中国已经成为全球铜消费第一大国，因其应用领域广泛，包括中国在内的一些发展中国家对其需求量在不断增加。因此，拓展镍、铜等金属矿产资源的来源渠道迫在眉睫。

2）菲律宾具有资源优势和地缘优势。菲律宾位于中国东南方向的西太平洋上，因其特殊的地质环境，拥有巨大的金属矿产资源储量，其中铜矿、镍矿储量（以单位面积矿产储量计算）分别为世界第四位和第五位，且品质较高、分布广泛、开采量大。菲律宾的矿业发展主要依赖国际市场和国外投资，金属矿产品一般以原矿石和经加工处理的精矿石形式直接出售。同时，菲律宾地缘优势得天独厚，可以大大降低中国与它贸易的运输成本。另外，可以通过华人、华商等争取到东道国的金融支持，降低交易成本，有效规避风险。

3）提高对铜、镍等矿产资源的储备是中国国家安全战略的重要保障。国家从安全战略、政治互利、国际贸易等角度考虑，都需要提高对镍、铜等矿产资源的储备。通过出台一系列政策鼓励中国国内企业向储量资源保障度高的国家投资或参股合作，以扩大与资源国的经济互利方式来完善中国金属矿产资源“两种资源、两个市场”的“走出去”战略体系。

总之，矿业投资环境影响因素较多，因素之间的关系错综复杂，在向资源优势国菲律宾投资之前有必要掌握并评价其投资环境，为中国向菲律宾镍、铜等金属矿产资源投资领域提供有效的途径和方式。中国共建“一带一路”倡议的提出，为向菲律宾矿业投资提供了契机。

1.2 研究目的与意义

1.2.1 研究目的

菲律宾金属矿产资源丰富、品位高、分布广，尤其是铜矿和镍矿的产量为东南亚第一和世界第一水平。本书以菲律宾的金属矿产资源投资环境为研究对象，并对其投资环境进行预测分析，以期达到以下目的。

1）在资源产业经济学、矿产环境经济学、区域经济学等理论基础上，对菲律宾矿业投资环境，尤其是以镍、铜为代表的金属矿产资源的投资环境因素进行时间段的纵向评价，分析主要影响投资环境的因素成分，并结合现状进行剖析。

2）为菲律宾和东盟其他相似地域的资源优势国进行矿业投资环境比较分析，作为分析和投资矿业环境的重要依据。

3）根据定量与定性分析结果，结合菲律宾投资环境中的经济、政治、矿产及其政策等因素的实际情况，为中国政府或矿业企业提供投资参考，并给出与投资相关的对策与建议。

1.2.2 研究意义

1）本书的研究具有一定的现实意义。菲律宾所拥有的金属矿产资源具有一定优势，在全球经济、政治多变的环境下，对中国投资金属矿产资源的区位选择具有一定的参考价值。通过研究其他对菲律宾金属矿产资源投资的发达国家的投资战略和方法，为中国长期、可持续地获得不足性金属矿产资源提供借鉴意义。

2）本书的矿产资源投资环境理论研究具有一定推动作用和理论意义。从全方位视角分析菲律宾矿业及矿产环境因素，为矿业资源投资环境的研究予以补充和发展。

1.3 研究内容与方法

1.3.1 研究内容

通过对全球和菲律宾的金属矿产资源分布、储量情况、供需市场等资料的整理，以中国紧缺战略性金属矿产资源铜矿、镍矿为例，系统分析中国的金属矿产资源需求市场、菲律宾矿产资源投资环境各因素及其与中国金属矿产资源领域的贸易往来等。从市场供需角度、资源价格变化及国家贸易往来关系等方面，对菲律宾矿产资源投资环境进行进一步梳理和剖析，对中国投资菲律宾铜矿、镍矿及其他主要金属矿产资源提出对策建议。

1.3.2 研究方法

本书的研究涉及资源产业经济学、矿产资源经济学、矿床学、国际贸易等学科领域。通过对多方面数据的搜集和整理，构建对菲律宾镍、铜资源投资环境的指标体系，采用主成分分析方法计算投资环境的影响因子主成分，并结合定性与定量相结合的方法综合评价其投资环境。

1.4 创新点

本书有以下创新点。

1）首次对菲律宾的镍矿、铜矿资源情况及其在全球的地位进行了系统的梳理。不仅从市场和国家的层面对镍、铜的需求进行了分析，而且从投资国和东道国两方微观层面对投资菲律宾矿业活动进行了深入探讨。

2）首次提出对东道国人文文化深入了解的多寡可能是投资菲律宾矿产资源成功与否的关键因素。一般的矿业投资行为重点考虑资源的市场供求关系和国家资源的战略储备问题，而菲律宾因其特殊的地理和历史原因，多元文化背景和土著居民权利也影响着矿业投资环境。由于近些年在进行镍、铜资源勘探、开采的同时可能会造成对土著居民家园的侵占、环境的破坏和生活的干扰，因此土著居民的权利越来越被重视且步入合法化，土著居民及其他民间组织的合作或反对势必对菲律宾的矿业活动的继续运行和矿业投资环境的综合评价有很大的影响。

3）对菲律宾的矿产资源投资环境进行多维度的深层研究，为评价一国的矿业投资环境提供新的标准。

2 重要概念与相关理论

2.1 重要概念

2.1.1 国际投资

国际投资是跨越国界的投资。投资概念被定义为在一定时期内预计将来产生一些收益并将收益所得转变为资产的行为。人类社会通过投资行为方式对社会进行生产和再生产。投资主体为了得到预期回报将其所有资源转化为资本并投入经济活动中的行为过程称为投资。投资按不同标准可分为直接投资与间接投资、国内投资与国际投资等。

投资活动的特点主要表现在以下几个方面：①投资主体可以是自然人或法人。②投资的最终目的是收益最大化，投资者投入一定量的货币或其他形式的资产来获得最大化的经济收益，即资本增值。③投资行为风险大。经济学中任何投资工具的收益性和风险性都成正比，即投资收益越大其投资风险越大。在投资过程中可能会有意料之外的风险发生，如信用风险、货币风险、通货膨胀风险、市场风险、政治风险、国家风险等，这些风险可能带给投资活动无法估量的损失。④投资活动是一个长期行为，这也是与投机行为的最大区别。投资者为获取稳定的长期收益，需降低风险和风险成本支出。

虽然，从投资学角度投资是部分国度的，但是一旦投资行为跨越国界，投资国会受到东道国不同的国家法律法规、经济制度、税收政策、自然因素、文化传统等因素制约，因此国际投资是区别与国内投资活动的对本国以外的国家或地区进行的投资活动。

国际投资一般有两种方式：向国外投资和向国际筹资。向国外投资是从投资国角度而言，尤其是高度发达的国家，解决过剩资本问题或者用过剩资本换取匮乏资本的主要渠道；向国际筹集是从东道国而言，尤其是发展中国家，为了解决国内资金不足问题或引进国外先进技术知识的主要方式。

生产国际化是国际投资的直接动机。开发和利用国外的自然资源、廉价劳动力和其他资源，降低生产成本是国际投资的根本动机。绕过贸易壁垒或障碍是国际投资的诱发动机。国际投资的主要原因是商品、货币、资本全球化与国际化。

第二次世界大战结束后，世界政治格局发生了巨大的变化。一些帝国主义的殖民体系瓦解，许多曾经被殖民的国家纷纷宣布独立，国际新经济秩序逐渐形成。国际分工逐渐细化，科技进步不断发展，公司跨国并购数量增加，这必然会促进经济全球化和一体化的发展，同时也使得以跨国公司为主导的国际投资行为成为不可或缺的一部分。由19世纪末期开始，自欧美国家兴起，从第一次制药业的家族式并购到现在的新兴科技行业的第五次混合方式的并购浪潮，为这些实力雄厚的跨国公司成为当代国际投资的主体奠定了基础。它们具有规模大、主营业务广泛、涉及新兴领域多等特点。

当代国际投资的典型特征不仅涵盖了所有国内投资的特征，而且还包括以下4个特征：①环境差异比较大。由于各国（地区）的经济、政治、文化、地域、法律等不同，投资国需要对东道国的投资环境进行深入分析，以达到投资收益最大化，为此需要尽量尽快适应当地环境。②目的具有多样化。国际投资的目的不仅是为了获利，还要考虑改善或建立国际双边或多边关系，带动国家间贸易合作等。③具有一定的投机性。国际投资具有一定的投机特点，比如注入不动产或证券投资方式于东道国，多构成国际游资，即国际热钱（指在国际金融市场中迅速流动的短期投机性资金）。④国际投资市场为不完全竞争市场。体现在参与国际投资的国家在双方利益出现矛盾或冲突的时候，会出现政府干预活动。

2.1.2 矿业投资

矿业是指对地壳内部或地球表面有用矿物包括金属、非金属、能源等进行勘查、开采和加工的产业。矿业生产依赖先天资源条件。

矿业和矿业生产具有以下特点：矿物是天然存在的地质（矿）体，不能由开采和加工对象选择；开采对象、工具和生产工作人员不固定，随着开采的转移而转移，工作条件也会随时发生改变；矿体地质条件非常复杂，矿业开采过程很难统一。

矿业投资是指通过货币或实物的方式，并采取直接或间接形式对矿产资源所在地区或国家进行开发并从中获得收益的过程。矿业投资按照投资主体性质不同可分为政府投资和厂商投资；按照实现投资后对矿业企业再生产中所起作用不同可分为简单再生产投资和扩大再生产投资；按照投资形成价值在企业再生产过程中的周转方式不同可分为固定资产投资和流动资产投资；按照对矿业公司生产经营的影响程度可分为战术性投资和战略性投资；按照投资地域不同可分为国内投资和国际投资（表2.1）。

表 2.1 矿业投资分类表

标准	分类	主要表现
投资主体性质	政府投资	国家或地方政府基于对未来特定时期内，世界、国家或地区范围内的矿产资源禀赋、开发及利用状况的分析与预测，为实施政府的矿业政策目标与国民经济或者地方经济发展计划，进而获得社会经济效益而进行的矿业投资
	厂商投资	基于政府矿业政策和自身长远发展规划的矿业生产，为维持其市场份额或者扩大再生产，进而获得微观经济效益而进行的矿业投资
实现投资后对矿业企业再生产中生产要素的作用	简单再生产投资	技术改造投资、恢复性投资
	扩大再生产投资	新建、扩建投资
投资形成价值在企业再生产过程中的周转方式	固定资产投资	企业用于固定资产再生产的投资，是形成矿业企业生产能力的投资
	流动资产投资	企业用于流动资产购置的投资，是形成矿业企业劳动对象和生产所需的人力等要素的投资

续表

标准	分类	主要表现
对矿业公司生产经营的影响程度	战术性投资	只涉及矿业公司生产经营的局部，不会影响公司整个前途的投资
	战略性投资	涉及矿业公司生产经营全局，可能改变公司未来面貌与命运的投资
投资地域	国内投资	投资国本土
	国际投资	超出投资国本土范围

（据郑明贵等，2011，经整理）

由于矿业资源自身的特殊性，矿业投资与其他投资有所不同，具体表现为以下几点：①矿业投资规模大、周期长、投资回收时间久。据B.W.麦肯齐（1985）对加拿大1951—1974年86个金属矿山的研究，矿产资源的平均勘查时间是8年，矿山建设的平均时间是2年。一些国外金融机构对矿业项目可行性研究比较严格，投资回收期一般不超过5～7年，如果超出10年，则很难获得银行贷款或受到股东认可，并且贷款的还款期要少于10年。中国煤炭项目贷款一般不超过10年，大型矿山可延长至15年。②风险高。因为每个矿床的特点不同，每种矿产资源的储量均呈动态变化，而且东道国政府或非政府组织会对矿业活动实施干预等，所以在矿山建设前期、中期和后期矿业投资都会有潜在的风险存在。③矿业企业的经济效益不稳定，大部分会随着时间的推移而递减。

2.1.3 矿业投资环境

投资环境是指在一定时间内，随着投资主体存在和发展变化的投资活动的外部条件，对投资活动可以产生一定的影响和限制作用。投资环境的范围比较广，包括与投资项目相关的自然、法制、政治、经贸等环境。

投资环境的分类方法比较多，按照研究种类的不同分为区域投资环境和产业投资环境两种。前者主要针对某一特定区域；后者主要针对某一类产业。本书既涵盖了对某一区域（菲律宾）的研究，又包括了某一产业（矿业）的研究。

矿业投资环境因素是影响矿产资源生产地区或国家矿业勘查、开发、生产等一系列因素，一般由地质地貌因素、成矿因素、国家历史因素、自然条件因素、政治环境因素、法律法制因素、社会文化环境因素、经济环境因素等构成。

本书将从菲律宾的历史背景、自然环境、政治法律环境、经济环境、社会文化环境及对外经济关系等方面进行定量与定性相结合的分析。

2.1.4 金属矿产资源

矿产资源是指由地质作用而成，储存于地表和地壳中，采用现代生产技术能够为国民经济所利用的固体、液体、气体原料。一些不能利用的自然资源，随着人类技术和生产能力的提高，也会成为有利用价值的矿产资源。目前，已经充分开发了品位高、近地表层的矿产资源，品位低、地下深处的矿产资源开发是亟待解决的问题。矿产可分为能源矿产、金属矿产和非金属矿产等。金属矿产是指人们可以通过采矿、选矿和冶炼等工序，从中提取一种或多种金属单质或化合物的矿产。根据金属元素的性质和用途，金属矿产一般分为黑色金属矿产、有色金属矿产，其中有色金属矿产可细分为重金属、轻金属、贵金属、稀有金属矿产等（表2.2）。

表 2.2 有色金属矿产分类表

金属类别	具体名称	用途	具体矿产资源
有色金属	重金属	用于机械、电工、化工等	铜、钴、铅、锌、镍、锑、铋、钼、汞、镉等
	轻金属	工业上多用作还原剂	钛、钙、钠、钾、钡、锶等
		用于航空和航天部门	铝、镁等
	贵金属		金、银、铂族元素
	稀有金属		锂、铍、铌、镓、铯、锆、钽、锆、铪等

（据成金华，2012；李详仪等，2011，经整理）

金属矿产资源是一种自然资源，具有不可再生性和可耗竭性特点。另外，它还具有很多其他自然资源所没有的特点。比如：①赋存情况复杂。金属矿产资源完全自然形成，赋存范围较广，可以在地表或海洋中，可以单独赋存或与其他多种金属赋存，因此每个矿体的品位、成分、形状等都不同。②可回收性。生活和生产中所用的金属都可以再次回收利用，比如含镍电池可以形成再生镍，汽车报废后可以回收废钢铁等。在回收过程中，金属含量会有损失。③开发难度大。

在现代社会，没有任何一个国家或一个部门可以不依靠金属矿产资源而发展进步。因此，金属矿产资源的持有量，尤其是人均持有量，不仅是一个国家综合能力的重要指标之一，而且还体现了一个国家或地区的经济发展水平和政治稳定性。

2.2 相关理论

2.2.1 可持续发展理论

我们有“先有生存后有发展”和“没有生存就没有发展”之说，每一个生命体都必须与环境相协调才能够保持稳定发展，作为一个国家也都不能例外。目前对“发展”这个概念还没有统一定义，但是许多学者都认同发展问题是整体、内生和综合的结合。“发展”是在人的生存条件被基本满足之后，为其更进一步的需求和愿望所付出的行为总和。

全球的可持续发展的早期萌芽是海洋生物学家蕾切尔·卡逊（1907—1964年）在其《寂静的春天》中对传统的行为和观念开始进行反思，随着德内拉·梅多斯等麻省理工学院的学者在1972年运用计算机模型分析全球资源的消费量和产量，结果令世人震惊，他们在《增长的极限》一书中讨论经济增长模式带给全球和全人类的灾难，引起学者及全人类的深思。1972年联合国人类环境会议通过《人类环境宣言》，1983年成立的联合国世界环境与发展委员会于1987年在《我们共同的未来》中正式提出可持续发展概念，并在1992年得到全球100多个国家的认同。可持续发展战略是人类保证经济可持续增长和社会可持续发展的同时，维护生态环境、持续利用自然资源的一条探索之路。中国为更好地实施可持续发展战略，参照联合国通过的《21世纪议程》制定了适合中国可持续发展的《中国21世纪议程》，中国确定了在21世纪必须实现的可持续发展三大“零增长”的战略目标，即2030年实现人口规模“零增长”，2040年实现能源消耗“零增长”，2050年实现环境退化“零增长”。

牛文元（2007）在《中国可持续发展总论》一书中提出，生存支持系统是人类赖以生存的基本品，是理论框架的第一要素，生存是可持续发展的首要条件。发展支持系统为人类社会提供与生产要素相关的生产资本，是人类社会生存与发展的保证，是框架的第二要素。第三要素为环境支持系统，与国家的整体环境相结合，代表国家进行可持续发展的能力。第四、第五要素分别是社会支持系统和智力支持要素，这两个要素的恶化都会给一个国家的可持续发展带来严重的后果。因此，可持续发展理论是用来分析“自然-社会-经济”这一复杂、庞大的运行原理，要求人类规范自己的行为，正确处理人与自然、人与人之间的关系，以达到人口、资源、环境、发展的协调。

根据张文驹（2007）的《中国矿产资源与可持续发展》分别对各省（自治区、直辖市）的能源消费份额、水资源供应量与矿产资源贡献率进行差额计算，并在平均权重的条件下加以计算，得出中国“矿产资源压力指数”，差值越大压力越大。排在压力最大的前5个省（自治区、直辖市）分别是山东、广东、湖北、上海、浙江。

自中国加入WTO以后，国际贸易一体化趋势愈加明显，作为产业支柱之一的矿业发展也应与全球同步，并且积极融入全球矿业体系中。矿业“走出去”战略，是要有效利用国内国外“两种资源、两个市场”，才能解决中国资源相对贫乏、找矿难度加大、储备不足、战略资源不足等问题，因此可持续发展战略是“人口、资源、环境、发展”全面协调的整体。矿业投资要充分考虑投资主体的组织方式和利用方式。组织方式通常有在海外新建立和合作（或并购）两种；利用方式包括直接购买矿产品、通过投资建矿和技术输出获得。综上所述，可持续发展理论为矿业投资提供了理论基础。

2.2.2 区位论

区位是经济地理学的基本概念，由德国农业经济学家杜能创造，中国在现阶段的计划经济向市场经济转轨时期中，对“区位”的应用愈加广泛。区位是指人类活动所形成的空间布局或设计的事物相对于特定地理位置的优势或不利条件。另外，区位的涵义囊括了位置的所有涵义，即简单的空间所在方位或范围。工业革命之后，各国经济迅猛发展，竞争加强，区位选择成为各种产业发展竞争的核心。古典区位论多以政治经济学角度分析，其中的农业和工业区位论均是通过降低成本获得最大利润，未考虑到市场影响因素和动态整体分析方法；市场区位论和中心地理论都考虑了市场影响因素和企业追求利润最大化的方式不仅通过降低成本的方式，还可以通过增加需求市场的方式，这为新古典区位论埋下了伏笔。但鉴于古典区位论产生的背景，仍存在忽视环境因素、微观主体思维和操作性等不足问题。20世纪60年代以后，一些经济学家运用数学及其他学科的方法对古典区位论进行了改进，使得以艾萨德和贝克曼为代表的新古典区位论产生并高速发展。

邓宁的折衷理论中的区位优势是所有权和内部化的统一，为投资者的区位选择提供了理论基础。而东道国的区位优势包括要素禀赋和国别市场差异两个渠道。矿业投资环境所涵括的对投资活动影响的所有构成因素都在区位的范畴内，因此从资源配置的角度看，对矿业的投资环境研究也是对矿业的区位研究，东道国具有的矿业投资环境优势也是其区位优势。

2.2.3　国际贸易相关理论

国际贸易是世界各国（地区）之间交换商品和服务的活动，体现了世界各国（地区）在经济上的互相依赖，这是各国（地区）分工的具体表现形式。这种交换称为对外贸易活动。古典经济学之父亚当·斯密提出绝对优势是交换、分工以及国际分工的根本原因。国际贸易研究的发展经历了古典、新古典和新国际贸易理论研究，后两者的区别在于新古典贸易是产业间贸易角度，即国家之间的贸易产生是由于贸易结构不同，各国交易不同的商品或服务；新国际贸易是解释产业内贸易问题，即国家或地区之间进行要素相似度非常高的商品、服务双向贸易。

2.2.3.1　比较优势理论

英国工业革命时期著名的经济学家大卫·李嘉图提出了比较优势理论，即当两国的比较成本存在差异，并且贸易条件在二者之间时，两国将生产并出口各自具有比较优势的产品，进口各自具有比较劣势的产品。通过自由贸易活动，相互交换获取各自所需的产品，双方均产生利益，且该理论从技术差异角度解释了国际贸易的成因。这一理论弥补了绝对优势理论中机会成本不变和劳动生产率不等条件下国际贸易分工的缺点。比较优势理论假设两国之间的生产技术有相对差别。被定义为在同一国家两种产品的单位成本比率；或两个国家（地区）同一种商品的单位成本比率。假设两个国家，分别是国家A和国家B；各生产两种不同的产品，分别是X和Y；L_1，L_2分别表示A，B两国的劳动力投入总量，a_1，a_2，b_1，b_2分别表示X，Y两种产品在A，B两国的单位成本（表2.3）。当$a_1/b_1=a_2/b_2$时，$a_1/a_2=b_1/b_2$。同理，当$a_1/b_1>a_2/b_2$时，则$a_1/a_2>b_1/b_2$；当$a_1/b_1<a_2/b_2$时，则$a_1/a_2<b_1/b_2$。因此，a_1/b_1和a_2/b_2之间的对比与a_1/a_2和b_1/b_2之间的对比，两者没有差别。

表 2.3　2×2×1 模型表

国别	国家A	国家B
1单位X产品	a_1	a_2
1单位Y产品	b_1	b_2
劳动力投入总量	L_1	L_2

两个国家（地区）按比较优势原则参与国际分工，完成生产，都可以获得相应的贸易利益。

2.2.3.2　要素禀赋理论

H–O（赫克歇尔–俄林）理论从要素禀赋的角度解释国际贸易的成因，即以国家（地区）所拥有的各种生产要素的总量之和。由于国家（地区）之间的经济发展水平、历史背景、政治状况、自然条件等不同，因此各国（地区）要素禀赋也不同。要素丰裕度和要素密集度是要素禀赋理论中的两大核心概念。要素丰裕度指一个国家（地区）的生产要素禀赋中，各生产要素之间的丰裕关系，要素相对价格是衡量要素丰裕度的较好指标。要素稀缺与要素丰裕对立，表示一国（地区）某种生产要素的供应量相对其他国家（地区）较少。因此要素丰裕度是具有相对性的。要素密集度是生产产品过程中不同要素投入之间的比率，按照不同种类的要素密集型产品进行分类，可以分为劳动密集型产品和资本密集型产品。

要素禀赋的基本假设：第一，世界上只有两个国家（地区）生产两种产品，只使用两种生产要素；第二，两个国家（地区）的生产要素没有闲置，全部充分利用；第三，生产要素可以在国家（地区）内各部门间流动，不能跨国（地区）；第四，两国（地区）同种类产品的生产技术一样；第五，生产的规模收益恒定不变；第六，两国（地区）具有相同的消费偏好；第七，不考虑关税和运输成本；第八，两国（地区）贸易平衡；第九，完全竞争的商品和要素市场，商品价格不受任何因素影响；第十，非完全专业化生产模式。因此，要素禀赋理论认为，国家（地区）之间有商品价格的差异、生产要素相对价格的差异和相对供给的差异，进而产生国际贸易活动。

3 中国镍、铜资源形势与现状分析

随着中国现代化建设的突飞猛进，矿产资源在我国的发展进程中扮演着越来越重要的角色，直接关系到国民经济发展和国家安全问题。中国对镍、铜资源的需求正在不断增长，镍、铜等重要矿产资源短缺问题渐渐成为困扰中国工业发展的一个大问题。全球有大量的镍、铜矿资源，但主要集中在智利、秘鲁等少数国家，中国镍、铜资源的储量与产量与这些国家相比，就显得相形见绌了。而且中国矿藏质量差、开采难度大、人均拥有量较少，国内供应已无法满足对这两种稀缺金属战略矿产资源的需求。因此，加大对我国不足矿产品的进口显得尤为重要。本章首先说明中国镍、铜资源的基本情况，并对中国镍、铜资源市场的供需状况进行简述，最后进一步分析中国镍、铜资源在全球新局面下的战略储备需求。

3.1 中国镍、铜资源概况

中国不仅是矿产品（尤其是金属矿产品）生产大国，更是矿产品（尤其是金属矿产品）消费大国。其中，镍矿和铜矿的应用较广泛，但近几年中国的平均对外依存度镍矿为86%（饶富等，2021）、铜矿为78%（韩见等，2021）左右，对外依存度较高。

中国已探明的金属矿产资源分布广，总量较大，约占世界金属矿产资源总量的12%，仅次于美国和俄罗斯，居世界第3位。但是人均拥有量少，只有世界平均水平的58%，居世界第53位。此外，中国80%左右的金属矿床中有伴生元素，一些支柱性金属矿产资源的贫矿和难选矿多，如铁、铜、铝、锌、锰、铅，开发利用条件较差，因此中国矿产资源对外依存度较高。

作为21世纪最大的发展中国家，中国积极地探寻发展之路，主动与其他国家展开合作，共同建设“新丝绸之路经济带”和“21世纪海上丝绸之路”，制定“双碳”的战略目标，并以可持续发展理论、低碳化理论为依据，使共建“一带一路”国家共享经济的绿色发展，共同构建人类命运共同体。在矿产资源领域，共建“一带一路”国家的矿产资源种类有将近200种，约占全世界矿产资源的60%，价值约达250万亿美元[1]。我国利用自身技术、设备等优势与共建“一带一路”国家丰富的矿产资源优势相结合，实现了优势互补的双赢局面。近年来，经济全球化已经成为一种必然趋势，资本与商品在国际的流动越来越频繁，国际投资更为便利。中国矿产企业应该积极响应国家的“走出去”战略。利用国内与国际

[1]资料来源：河北省自然资源厅。

"两个市场、两种资源"，形成国内与国际"双循环"的良性互动。面对前所未有的机遇与挑战，中国加强了对国际矿业合作平台的建设，例如举办了中国国际矿业大会、中国-东盟矿业合作论坛暨推介展示会，以及欧亚经济论坛、"一带一路"国际地学合作与矿业投资论坛等，还相继出台一系列金属矿产资源可持续发展规划，主要有《推动共建丝绸之路经济带和21世纪海上丝绸之路的愿景与行动》（国家发展改革委等，2015）、《中国制造2025》（国务院，2015）、《有色金属工业发展规划（2016—2020年）》（工信部，2016）、《中华人民共和国国民经济和社会发展第十四个五年规划和2035年远景目标纲要》（国务院，2021）、《工业转型升级规划2019—2020》、《"十四五"原材料工业发展规划》（工信部、科技部、自然资源部，2021）、《"十四五"循环经济发展规划》（国家发展改革委，2021）以及《全国矿产资源规划（2021—2025年）》（自然资源部，2021）等。为了完善中国的产业布局和组织结构，严格控制中国部分金属矿产资源产量，引导国内企业加大境外开发力度，将增强保障能力作为我国目前发展建设的主要任务之一。而提高保障能力主要是通过加快资源基地建设和发展循环经济两个渠道。其中资源基地建设优先选择境外，同时以加快境外铜、镍等金属矿产资源供应基地建设为重点。此外，还要积极推动境外的资源勘探，建立与资源国互利的对外资源开发机制，加快境外资源开发项目建设步伐，形成一批境外矿产资源基地。很多大型央企和国企积极地与共建"一带一路"国家展开开发矿产资源的国际合作，例如紫金矿业集团已在海外部署矿山企业多达15家，而共建"一带一路"国家塞尔维亚的超大型铜金矿：丘卡卢-佩吉铜金矿于2021年10月22日正式投产（郭进平等，2022）。它的正式投产不仅为紫金矿业集团带来不断增长的利润，还带动了塞尔维亚东部地区的发展。目前，中国铜、镍等金属矿产资源基础储量有限（表3.1），为中国国家紧缺战略矿产资源。中国企业应继续在境外利用有色金属资源，并获得更高的境外战略资源权益权。中国企业境外铜矿资源实际权益仅占矿产原料进口量的不足4%，因此加大对不足矿产品的进口是提高中国资源保障能力的最佳途径。

表 3.1　2014 年、2021 年中国和世界铜、镍矿储量情况统计表

年份	铜矿			镍矿		
	中国储量/万吨	世界储量/亿吨	占比/%	中国储量/万吨	世界储量/万吨	占比/%
2014	3000	7.0	4.3	300	8100	3.7
2021	2600	8.8	3.0	210	10207	2.1

资料来源：根据USGS Mineral Commodity Summaries 2015，USGS Mineral Commodity Summaries 2022整理。

根据中国主要矿产资源可供性论证研究的结果，2020年中国45种主要矿产中，铅、镍等重金属矿产资源的保证程度在40%～70%之间，为难以保证需求的矿产种类；铜、锌、钴等重金属矿产资源的保证程度小于40%，为严重不足的矿产种类（表3.2）。

虽然中国铜矿产量较10年前增长较多，但国内的铜资源仍属于过度开发。中国铜资

表 3.2 2010 年、2015 年、2020 年中国部分金属矿产品可供储量保证程度预测表

矿产名称	可供储量保证程度/%		
	2010年	2015年	2020年
铜（金属）	28	25	18
铅（金属）	55	52	48
锌（金属）	47	40	31
镍（金属）	80	72	55
钴（金属）	小于40	小于40	小于40

（据胡存智，2009）

源的储产比远远落后于世界平均水平，所以大量依赖国外进口。据中华人民共和国海关总署统计数据表明，2017年至2022年，中国是铜矿及其精矿、镍矿及其精矿等金属矿产资源的净进口国，主要从智利、秘鲁等国家进口。其中铜矿进口由1733.4万吨增至2525.8万吨，增长45.71%；镍矿进口由3502.9万吨增至3985.7万吨，增长13.78%。当金属矿产品进口额的增长幅度远远大于进口量的增长幅度时，中国利用国外矿产资源成本压力会日益加大。镍矿进口量增加明显，在2008年8月镍矿石进口均价达到329美元/吨的峰值之后，中国镍矿石进口均价基本维持在150美元/吨以下。全球铜资源产量较大，2010—2018年呈稳步上升趋势，但由于受到2019年新冠疫情的影响，当年全球铜产量仅为2000万吨，相较于2018年的2100万吨降低了4.76%左右。2019年后两年全球铜产量缓慢回升，截至2021年，铜产量达到2110万吨（陈红伟，2022）。中国进口铜资源价格在2005年达到峰值之后一直保持2美元/千克左右的进口价格，2022年为2.165美元/千克。

中国目前还处在工业化前期，工业化过程是资源高消耗的过程。以先期工业化国家美国为例，在20世纪的100年中，共消费了350亿吨石油、73亿吨钢、1.4亿吨铜。以新兴工业化的日本为例，在1945年至2000年的55年间，消费了85亿吨石油、28亿吨钢、4000亿吨铜。由于中国正在建立资源节约型社会，迄今为止，石油累计消费为美国的1/8，钢铁为2/5，铜和铝相当于1/4，但是在今后的工业化建设中，中国还将需要消耗大量的资源。

按照世界目前矿产资源的生产与消费状况，重要矿产储量的静态保证年限都比较长，完全有能力支撑世界经济的发展。中国周边国家的矿产资源储量丰富，且与中国有着非常强的互补性，这些国家拥有的一些丰富的矿产资源正好是中国所紧缺的，它们是中国进行矿产资源合作的首选对象。但是美国、加拿大、日本等发达国家已加入与中国争夺矿产资源受资国的竞争中，世界资源的利用成为国家经济和外交的重要组成部分。

金属矿产资源的保障程度直接关系到国民经济发展和国家安全问题。在人类社会所利用的矿产资源中，70%以上是金属矿产资源。据统计，全世界经济中，将近80%的能源资源、70%以上的工业原料和60%以上的农业生产资料均来自矿产资源。中国在工业化阶段仍需运用大量金属矿产资源，比例高于同期世界平均水平，这导致中国大多数金属矿产资源的储消比远远低于世界水平。2009年中国铜矿的储消比低于世界水平15%，锌矿低于世界水平5%。

3.1.1 中国镍矿资源现状

虽然自2012年开始镍矿储量由110万吨增长到300万吨以上，但是近几年没有大幅度增加。随着全球镍储量的增加，中国镍矿资源占全球储量比例持续下降，2021年降至2.1%，镍矿资源仍然无法满足国内需求。现国内镍矿主要分布在西北、西南和东北地区，其中甘肃省储量最多，约占全国镍矿总储量的60%，青海、云南两省约占27%[1]。甘肃省金昌市的镍产量列全国第一位，全球第二位，仅次于加拿大安大略省的萨德伯里镍矿带，故被称为“中国镍都”。但是甘肃省开采条件较差，对镍矿的开采十分不利。另外，中国86%的镍矿是硫化镍矿，大多数品位在1%以下，这样的矿区只能采取小规模开采方式或不开采。同时，镍矿伴生矿多，成分复杂，多伴有其他金属矿物，甚至一些贵金属，需要更高难度的工艺和技术再次进行提取、冶炼等，加大了开采的成本，且导致一些镍矿根本无法开发利用。因此，中国自2006年开始进行镍铁冶炼，主要依靠进口镍矿，尤其是红土镍矿。中国利用的矿石均以富矿石为主。例如，金川集团进行的铜镍矿开采项目，入选矿石的镍品位需在1.3%左右，这需要更优质的镍矿资源。另外，中国再生镍回收比例较低，回收模式传统，且回收价格下降，生产工艺相对简单，造成中国再生镍使用率低、资源严重浪费等问题。这也是中国对镍矿需求量增加的主要原因。综上所述，由于中国镍资源储量比例低、开发水平有限等因素，今后几年中国镍矿对外依存度将持续增加。因此，需要加强与各国在矿产资源方面的合作，尤其是加大力量探索与共建“一带一路”国家的矿产资源合作模式，有助于缓解国内矿产品加工成本费用较高、难以开采、难以回收利用等问题。

3.1.2 中国铜矿资源现状

中国铜资源具有矿床规模小且品位较低的特点。已探明铜矿中，铜矿自然禀赋不佳，大型矿床和中型矿床占比仅分别为3%和9%，小型矿床数量较多，占88%，且矿床品位较低，低于1%；单一金属矿较少，铜矿石还伴有其他金属矿物，如金、银等，占所有矿床的70%左右；中国贫矿多、富矿少，在已探明储量中，富矿仅占21%。中国铜资源多集中在西藏、江西、云南、新疆等10个省份，占全国总储量的80%以上。但从世界范围来看，2021年全球铜资源储量8.9亿吨，中国铜储量为2700万吨，约占世界总储量的3.03%，远远低于铜资源国智利、澳大利亚和秘鲁，这些国家的铜储量分别占世界总储量的22.72%，10.57%和8.75%[2]。中国铜储量自2011年以来一直保持在3000万吨左右，相比其他国家持续增长的铜储量，中国的铜资源更显贫乏。

---

[1]资源来源：2021年全国矿产资源储量统计表。

[2]资源来源：USGS Mineral Commodity Summaries 2022。

3.2 中国镍、铜资源市场供需现状

3.2.1 中国镍资源供需现状

2021年世界原生镍产量为261.1万吨，同比增加4.9%；同时，2021年全球原生镍消费量为277万吨，同比增加15.7%。可见，2021年世界形成了约16万吨的镍矿缺口。

中国是镍矿的世界最大消费国，消费量约占世界总消费量的53%，且镍矿消费量在近10年（2011—2020年）呈现持续增长的态势（图3.1）。

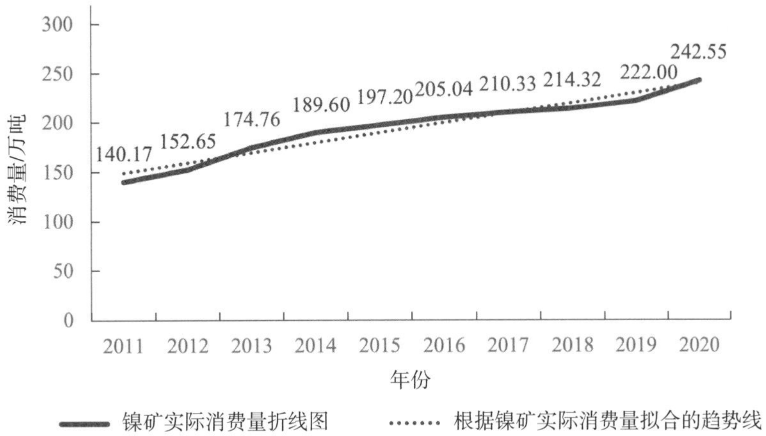

图3.1 中国镍矿消费量变化趋势图

由于镍的特性，镍可以增加不锈钢的可塑性、可焊接性和韧性，不锈钢对镍的使用较为普遍。随着中国经济的快速发展，基础建设不断完善，生活质量不断提高，不锈钢可应用于车辆制造行业、建筑业、家电业、环保工业、工业设施等领域，所以对镍的需求量逐渐加大。

同时，由于镍在电动汽车动力电池中具有重要的价值和作用，可以提高电池能量密度、降低电池成本、提高电池循环寿命和充电速度等。随着近年来各项环保政策的支持，电动汽车行业愈发成熟，电动汽车在整个汽车市场的占有量也在逐年上升。所以镍在电池产业的消费量也在快速增长。2020年，全球可充电电池镍需求量为19.3万吨，到了2021年这一数字达到了33万吨，增速达到了70.98%。

在目前中国的镍消费结构中（图3.2），不锈钢用镍占82%，其余18%分布在电池、电镀、合金及铸造等中，且预计电池对镍的消费占比还会持续提高。

近年来，中国镍矿总体产量呈上升趋势（表3.3，图3.3），但是世界其他国家的镍矿产量仍保持绝对优势。在2011年到2021年10年间，中国平均镍矿产量仅占世界镍矿产量的4.34%，所占比例小，完全无法满足国内庞大的镍矿需求量。

因此，中国每年进口镍矿数千万吨。近5年来（2017—2021年），中国的三大镍供应国

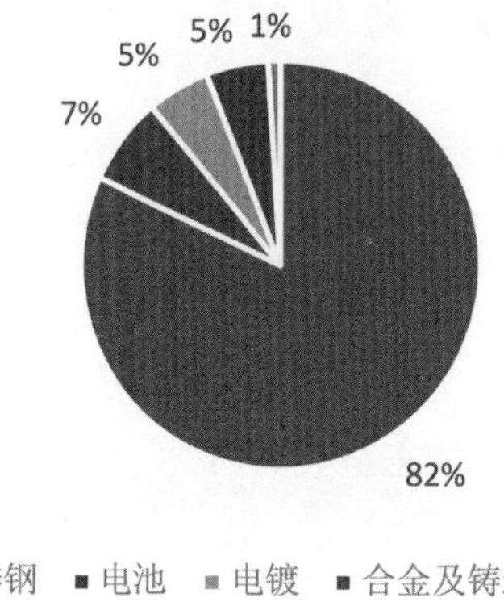

图3.2　中国镍消费结构图

表 3.3　近 10 年中国和世界镍矿产量情况统计表

年份	2012	2013	2014	2015	2016
中国镍矿产量/吨	93300	95000	100000	92900	98000
世界镍矿产量/吨	2220000	2630000	2450000	2280000	2090000
占比/%	4.20	3.61	4.08	4.07	4.69
年份	2017	2018	2019	2020	2021
中国镍矿产量/吨	103000	110000	120000	120000	109000
世界镍矿产量/吨	2160000	2400000	2610000	2510000	2730000
占比/%	4.77	4.58	4.60	4.78	3.99

资料来源：根据USGS Mineral Commodity Summaries 2013—2022整理。

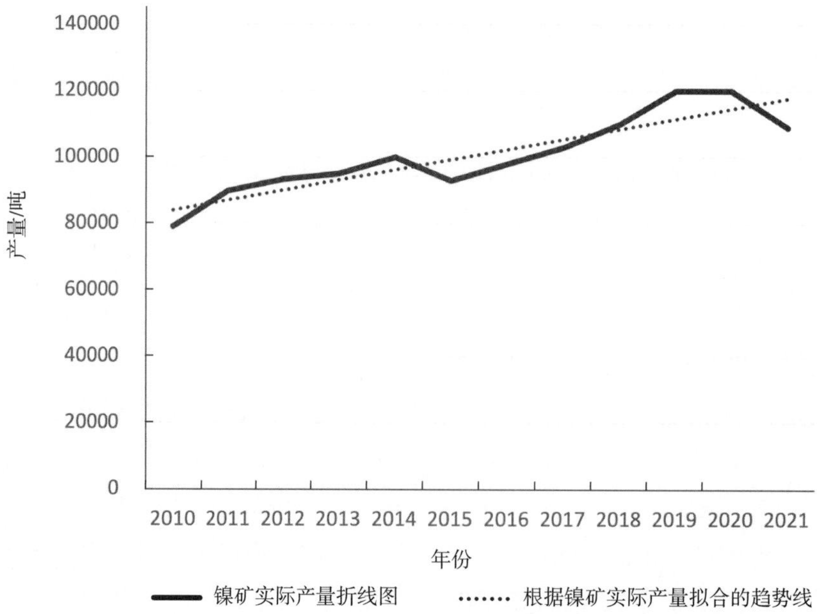

图3.3　中国镍矿产量变化图

为菲律宾、印度尼西亚和新喀里多尼亚。中国来自3个国家的镍矿进口量波动很大，来自新喀里多尼亚的进口量占比在逐年提高，2021年达到了最高值的5.46%，5年平均占比为4.15%；来自印度尼西亚的进口量年较差极大，5年平均占比为19.22%；菲律宾始终是中国最大的镍矿贸易伙伴，5年平均占比为74.33%，进口量呈逐年增长趋势，2021年进口量达到峰值3901万吨，占总进口量的89.64%。

中国镍资源储量在世界地位逐渐下降，镍资源在中国已成为劣势矿产资源。而世界镍进出口环境时有变化。印度尼西亚政府于2014年1月宣布禁止直接出口未加工镍矿产品，强制要求矿业企业在印度尼西亚国内设立冶炼厂，目标在于改变单纯出口金属资源的发展方式，提高金属矿业产品附加值。这一政策导致了世界镍市场的供应紧张，推高了镍价。印度尼西亚于2017年放宽镍矿石出口政策，但是2019年又宣布原定于2022年实施的镍矿石出口禁令提前至2020年1月生效，不再允许出口镍金属含量低于1.7%的镍矿石，再次引发供应短缺。在2020年禁令实施后，菲律宾更加巩固了中国镍矿主要进口来源国的地位。

中国较大比例的镍矿进口量，使中国镍矿产业发展与国际镍价格变动关系紧密。2021年中国有色金属产量为6477.1万吨（《中国矿产资源报告（2022）》），产量逐年增长，比2020年增长了4.7%。

2021年，世界镍消费最大国为中国、美国、日本、德国和韩国，约共占全球镍消费比例的70%。中国镍资源非常紧缺，同时又是最大原生镍的消费国，超世界镍消费量的一半。在中国基础建设进程中，不锈钢成为镍资源的主要消费领域，占镍资源的82%，在不锈钢中添加镍会提高不锈钢的耐高温功能。从消费区域看，50%在华东，华北和华南各占20%，这与华东地区的经济建设较发达相关。中国的镍矿资源被广泛运用于厨具及耐用品、机械工业、交通工具及设施、建筑业等。因此，中国每年从海外镍资源国进口镍矿及其中间产品和电解镍，其中镍矿主要由菲律宾和印度尼西亚进口，电解镍主要来自澳大利亚、俄罗斯、挪威等国。

3.2.2 中国铜资源供需现状

2010—2021年，中国铜矿产量总体呈现上升趋势（图3.4），但是相对国内巨大的铜消费量，仍然供不应求。2021年全球铜消费量达到2526万吨，中国铜消费量达到1388万吨，中国铜消费量占世界的比例达到55%，继续保持世界第一大铜消费国地位。因此，中国目前完全以铜的贸易逆差满足国内需求。

中国是世界最大的铜冶炼国。2021年，世界精炼铜产量2458.9万吨，其中中国精炼铜产量1048.7万吨，占全球精炼铜总量的42.7%，较上年增长4.7%。同时，中国铜矿资源较为贫乏，约占世界铜矿资源总量的3%，而且资源禀赋条件较差。中国铜精矿产量供应跟不上冶炼生产增长的步伐。2021年，中国铜精矿产量仅有185.5万吨，仅能满足精炼铜产量需求的17.7%，即便受价格高位运行驱动，中国净进口铜矿砂及其精矿依然达到2342.8

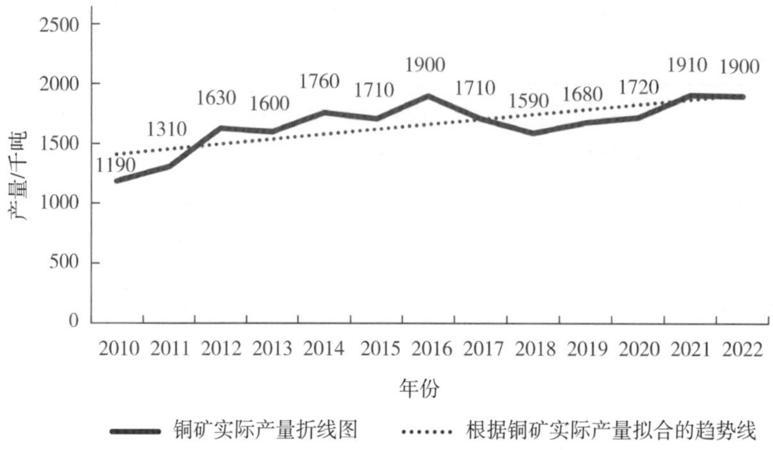

图3.4　中国铜矿产量变化图

万吨，较上年增长7.4%，进口铜废碎料169.3万吨，较上年增长79.6%，整体铜矿对外依存度高达82%。

中国铜资源供应体系较为薄弱，随着碳中和时代的到来，新的铜资源需求空间将被打开，而中国精炼铜产能仍处于扩张期，让本就捉襟见肘的铜矿供应更加雪上加霜。

而近几年国际铜市场价格波动较大，中国铜价格变动趋势与国际相对应，这对长期依赖进口铜的中国影响很大，增加了进口风险和进口成本。

如同镍资源一样，作为金属矿产资源的铜资源也具有可回收性，废铜可以通过回收机构获取，即再生精炼铜，或可以通过工厂直接采用废料生产精炼铜。中国主要通过回收机构获取废铜，但数量极少。中国废铜回收事业在不断发展，回收量在不断提高。据商务部数据，2020年废铜回收量达到了历史新高的221万吨，但是废铜回收比例仍然很低。

废铜作为一种可回收利用资源，对其进行回收利用不仅能缓解中国铜矿资源匮乏的现状，也符合国家当前节能减排和环保的要求。2021年7月，国务院发布《“十四五”循环经济发展规划》，要求到2025年再生有色金属产量达到2000万吨，其中再生铜产量达到400万吨。因此，废铜回收量势必将继续增加。

3.3　中国镍、铜战略储备需求分析

世界上没有任何一个国家的矿产资源可以达到自给自足，矿产资源是不可再生资源，每种矿物的形成大多经历上千万年的时间，发现并开采之后便已消耗了资源储备，且短时间内新的矿物也无法形成。世界资源的分布格局很不均衡，资源配置非常不合理。因此，国家对外投资矿产资源产品不仅是由于矿产资源的分布不均而导致的供需失衡问题，而且还有国家政治需求、投资者意愿、矿物出口国意愿不同等主要因素。

目前，各个发达经济体通过建立战略资源储备体系、制定资源战略政策、进行经济援

助或投资海外资源市场，来保障国家经济安全或供国家出现供应危机时所需，例如美国、日本、瑞士等国都已建立了成熟的战略资源储备体系。该体系不仅包括油气资源，还包括一定数量的金属矿产资源（表3.4）。国家通过建立战略资源储备体系，可以不断满足工业生产、能源消耗、人民生活、国家储备等需要，能够促进国家经济和社会的可持续发展，提高国家的竞争实力。

表 3.4　发达和发展中经济体获取海外资源途径一览表

措施	发达经济体		措施	发展中经济体	
	代表国家	内容		代表国家	内容
建立战略资源储备体系	法国	铜、铅、锌、镍等	投资多集中在发展中国家	印度	20世纪90年代以前86%的对外直接投资流向发展中国家和地区
	瑞士	燃料、化学品、铝、铜、铅、锌、镍等	资源外交	韩国	矿业振兴公社，即在资源大国派驻专职资源官员，增加援助、减免债务，制定开发非洲矿产资源的总体规划
	挪威	铜、铅、锡等		印度	与安哥拉、阿曼、苏丹等国家签订油气开发项目；与拉美国家达成石油开发协议
资源战略	美国	通过军事手段对“黑名单”国家进行干预，保证资源稳定供应	采取并购方式	印度	通过跨国并购进入海外市场
经济援助和投资	日本	与亚太地区、俄罗斯和非洲多国的“能源外交”、与西方国家建立利益共同体			
政府融资支持	加拿大	世界矿业金融中心、加强优势矿产在国际市场上的垄断地位			

（据吴丽敏，2008）

被誉为“坐在矿车上的国家”的澳大利亚是矿业投资环境较好的国家之一，它与美国、英国、加拿大、巴西、智利、日本等国家形成了矿业利益共同体，建立了发达的资本市场，并着力培育极具竞争力的大型跨国矿业公司。人口大国印度通过收购或长期租约海外矿山以获取金属矿产资源的供应。资源需求量较大的发达国家日本通过建立海外资源风险勘查补助金制度、保险支援措施等与矿产资源机构和企业形成互动关系，保障了日本矿产资源供应的稳定（彭颖等，2010）。韩国海外资源的开发则选择由国有企业主导的战略，利用自身优良的技术设备与经验换取资源富藏国的矿产资源（林秦喜等，2014）。这些国家的种种措施对中国通过国际市场获取国内短缺矿产资源具有借鉴意义。

国家投资海外矿产资源的主体一般是矿业企业。在国家政策的引导下，鼓励一些矿业企业走出国门，开拓国外矿业市场。同时，矿业企业为了解决自身生存发展、产品成本压力等问题，也积极通过海外合并或并购方式获得海外矿产资源。中国矿业企业的海外投资在刚刚起步时期交易次数少、交易金额少，2009年成为一道分水岭，海外投资向交易量金额大、交易数量多转变，朱光娅（2013）研究仅2009年矿业企业的海外并购达到45起，相当于2002—2008年海外并购数量的总和。但是海外并购的矿业企业大多为国家大型矿业企业，如中国石化、广东核电集团、中国五矿集团等，且并购规模较西方发达国家小。另外也有一些矿业企业通过获得东道国的探矿权或采矿权后，在当地新建企业进行矿业工作。据《全球矿业发展报告（2020—2021）》的不完全统计，2020年新冠肺炎疫情导致276座矿山停工停产，严重影响矿业项目1600个以上，全球矿业遭受严重冲击。面对前所未有的机遇与挑战，中国做出迅速反应，控制疫情，恢复经济，并通过双赢的矿产资源国际合作以及跨国并购等方式与共建“一带一路”国家建立矿产资源开发与贸易关系来获取海外矿产资源。随着新冠疫情的结束，各国复工复产，各类矿产的需求开始回升，国家经济被疫情打击后的非洲、东南亚等地区必然会出台一些有利于经济发展的政策方针，且在经过前一段时间的矿产投资下滑期后，将成为中国矿业投资的一个重要机遇。在达成自由贸易协议的前提下，中国应充分开发周边国家优势矿产资源，尤其是自然条件较优的菲律宾。中菲两国优势互补，能促进双方可持续发展。

4 菲律宾镍、铜资源现状分析

菲律宾的自然资源十分丰富，其中矿产资源在全球的矿产资源储量中占据着重要地位。目前，矿化带的土地面积已达900多万公顷，占国土面积的30%。据菲律宾国家地质矿业局统计，以单位面积的矿产储量计算，金矿、铜矿、镍矿、铬矿储量分别位列世界第三位、第四位、第五位和第六位，菲律宾有色金属矿产采矿业潜力巨大。迄今已探明13种金属矿产（有金、铜、镍、铝、铬、银、铅、锌等；总储量为71亿吨）和29种非金属矿产（总储量为510亿吨），在东盟十国中占比排名第二，在共建“一带一路”国家中占比排名第三，约占共建“一带一路”地区的7.8%，是世界重要的铜、镍等金属矿产资源的生产国和出口国。主要矿区多分布在北部吕宋岛的本格特省（铜）、三描礼士省（铜、镍、铬铁）、马林杜克省；中部维萨亚岛的萨马地区（铝土）、西内格罗斯省；南部棉兰老岛的北苏里高省（镍、铬铁）、达沃省（铜、镍）、东达沃省（铜）、北三宝颜省等和西部的巴拉望岛（镍）。

4.1 菲律宾镍资源现状

镍，英文名称nickel，化学符号Ni，是一种银白色金属，具有延展性、磁性和抗腐蚀性。镍的含量仅次于硅、氧、铁、镁。镍的运用极其广泛，可应用于消费、工业、军事、交通、海运、建筑等30余万种生产中。因其纯净或是劣等金属品、耐用和电解性等特征，镍在生活中常被许多国家的货币当局用于制造硬币。此外，镍最大的用途是制造不锈钢，全球70%左右的初级镍矿都被生产成不锈钢（表4.1）。全球镍资源储量十分丰富，截至2021年，据美国地质调查局（USGS）统计，全球镍储量超过1亿吨，多集中于澳大利亚、新喀里多尼亚、巴西等国家（表4.2）。

镍矿于19世纪60年代首次发现于太平洋岛的新喀里多尼亚岛，是由超铁镁质岩经过风化之后形成的矿床，后形成风化壳，遍布全岛面积的30%左右。但是由于当地冶炼工艺落后、劳动力不足等原因，所开采的矿石纷纷运往欧洲国家进行冶炼。镍矿主要由硫化镍矿、氧化镍矿和铁锰结核中的镍构成，其中氧化镍矿比重最大，占世界镍矿的55%，其他两种大约各占28%和17%。由于铁锰结核中的镍在海底，受开采技术和海洋环境保护的限制较多，增加了开采的难度和成本。硫化镍矿主要以镍黄铁矿、紫硫镍铁矿等有利硫化镍形态存在，加拿大的安大略省萨德伯里镍矿带、俄罗斯的克拉半岛镍矿带、澳大利亚的坎巴尔达镍矿和中国的甘肃省金川镍矿带等都属于硫化镍矿。按其含量不同，原生镍矿可分为3个等级：镍含量高于（含等于）3%的为特富矿，镍含量在1%～3%之间的为富矿，镍

表 4.1　镍的用途

<table>
<tr><th>领域分类</th><th>成因</th><th>用途</th><th>应用</th></tr>
<tr><td rowspan="2">钢铁领域</td><td>较好的耐腐蚀、耐高温、防锈</td><td>奥氏体不锈钢、奥氏体–铁素体双相不锈钢、沉淀硬化不锈钢</td><td>化工冶金、建筑等行业，容器、管道；制造尿素生产中的合成塔、冷凝塔等高压设备</td></tr>
<tr><td>塑性和韧性</td><td>合金钢</td><td>化工生产中的耐酸塔、医疗器械、修造军舰等机械制造</td></tr>
<tr><td>镍基合金领域</td><td>在650～1000℃高温下有较高的强度和抗氧化腐蚀能力等综合性能的一类合金</td><td>镍基耐热合金、镍基耐磨合金、镍基精密合金、镍基形状记忆合金等</td><td>航空、船舶、化工、电子、医学和能源等工业行业。如电炉、电熨斗、涡轮发动机涡轮盘、彩色电视机、通信器材、制造家具；航天、宇航用的构件，生物医学上的人造心脏马达</td></tr>
<tr><td rowspan="3">电镀领域</td><td rowspan="3">在钢材和其他金属基体上覆盖一层镀层，耐用、耐腐蚀，干净且不易锈蚀</td><td>电镀镍：稳定性很高、结晶细小、优良的抛光性能、镀层硬度比较高、耐磨性好</td><td>光学仪器镀覆、防护装饰性镀层、铸造结晶器电子元件</td></tr>
<tr><td>化学镀镍：均匀性、硬度、耐磨和耐蚀性</td><td>航空工业修复飞机发动机零件、宇航系统金属光镜、汽车工业、阀门制造业、采油和输油管道设备、食品加工过程中</td></tr>
<tr><td>镍渡液</td><td>瓦特镀镍液等</td></tr>
<tr><td>电池领域</td><td>轻、寿命长</td><td>镀金属镍</td><td>镍–氢电池、镉–镍电池、镍–锰电池</td></tr>
<tr><td rowspan="4">其他领域</td><td>镍复合材料</td><td colspan="2">催化剂</td></tr>
<tr><td>镍化合物</td><td colspan="2">颜料、染料</td></tr>
<tr><td>镍粉</td><td colspan="2">化学工业上的催化剂</td></tr>
<tr><td>镍合金</td><td colspan="2">电磁起重机</td></tr>
</table>

资料来源: 根据崔彬《现代矿产资源经济学》整理。

表 4.2　东南亚国家主要矿产资源情况

国家	矿产资源	储量
菲律宾	镍	310万吨
	铜	700万吨
	铝土	2.42亿吨
印度尼西亚	铝土矿	10亿吨
	铜	2500万吨
	金	3000吨
	锡	80万吨
	镍	450万吨
泰国	锡	17万吨
	锑	42万吨
马来西亚	锡	25万吨
	铝土	1400万吨
越南	铝土矿	21亿吨
	钛矿	160万吨
	钨矿	8.7万吨

资料来源：USGS Mineral Commodity Summaries 2015–06–09。

含量在0.3%～1%之间的为贫矿。大多数的原生硫化镍矿中的镍含量低于3%，即富矿和贫矿居多。这些镍矿含铜量较高，使镍品位不达标，且还伴有其他金属，如铁、金等，因此对于贫矿的硫化镍矿需进行选矿处理，经过有效浮选后的镍矿床按照镍含量再次进行分级，分级的规则是：在镍含量3%～8%之间，每相差0.5%分一个等级，共有11个等级，依次为特级品（镍含量≥8%，一级品（镍含量在7.5%～8%之间），以此类推，直至十级品（镍含量在3%～3.5%之间）。

如表4.2数据所示，在东南亚地区，锡、镍、铜、铝土等矿产资源占有较为重要的地位，其中印度尼西亚与菲律宾的铜资源和镍资源在东南亚国家中储量较为突出，马来西亚铝土的储量在东南亚国家中位列第一。

4.1.1 菲律宾镍矿的形成与特点

菲律宾镍矿总储量（探明储量、可期储量、可能储量三者之和）约为11亿吨，约占金属矿产总储量的15.5%。其中绝大部分为已探明储量，约为10.2亿吨，占镍矿总储量的93.7%，其平均品位在0.23%～2.47%之间；可期储量为5600余吨，约占5.17%，平均品位在0.36%～1.24%之间；可能储量约为1210万吨，平均品位在0.23%～2.27%之间。菲律宾镍矿的产出多与超基性岩有关，分布在俯冲带上盘的超基性岩体或超基性岩带中，如吕宋岛东北部的土格加劳和西部的三描礼士和南部的民都洛岛、巴拉望岛，以及产于菲律宾东部莱特岛—达沃一线菲律宾断层破碎带附近的超基性岩中。这些矿藏多因后期的风化剥蚀作用存在于铁矾土中。因矿床赋存在浅土层中，开采容易且成本较低，吸引投资国及其企业进行镍矿开发项目。高镍低铁的矿区主要集中在三描礼士和巴拉望；低镍高铁的矿区集中在苏里高和塔威塔威，共拥有矿业公司100多家。

高品位镍矿仅占总储量的6%，印度尼西亚于2014年出台禁止原矿出口政策后，各国自印度尼西亚进口红土镍矿的总量减少，镍矿供应渠道减少，镍价攀升。2021年，中国自菲律宾进口镍矿砂及其精矿3901万吨，较2020年同期增长21.59%。菲律宾盛产红土镍矿，主要分布在东达沃省、巴拉望省和苏里高省，储量分别为4.75亿吨、4.65亿吨和4.14亿吨。

菲律宾红土镍矿尤以吕宋岛三描礼士省为典型代表，形成红土镍矿的原因与其地质、矿床等关系密切。本节以该地区为例，介绍菲律宾红土镍矿形成的特点（表4.3）。

表 4.3 菲律宾红土镍矿成因

因素	内容
母岩类型	橄榄岩、纯橄岩等超基性岩是该区的成矿母岩，因橄榄石矿物易于粉碎和分解，其中的镍元素转入蛇纹石中，京分化出来
气候	干湿季节加速岩是风化破碎，在水的作用下铁、镍等可溶性组分分离出来，有利于原色的活化迁移
地形	地壳上升使其长期暴露，操守风化剥蚀，易使红土壳加厚。地形陡坡处，溶液流动快，镍被淋滤，地形平缓处，溶液流动慢，有利于镍的保存。

（据Juanito C. Fernandez，1986；魏文利等，2012；经整理）

菲律宾群岛（板块）地处欧亚板块、太平洋板块与印度洋–澳大利亚板块三联汇聚地带，其东部为太平洋板块向其下俯冲形成的俯冲带，西部为欧亚板块向菲律宾板块俯冲形成的俯冲带。菲律宾板块的南部受印度洋–澳大利亚板块的限制和推挤，在该地域形成复杂的断裂构造。在两条俯冲带中间，发育纵贯南北的菲律宾断层，导致岩浆活动强烈，产出了大规模的基性、超基性岩浆岩，为后期由于地壳抬升、剥蚀风化而形成的红土镍矿奠定了一定的物质基础。

吕宋岛三描礼士矿区位于菲律宾板块的北部吕宋弧，马尼拉海沟俯冲构造带的北段，地质构造较为复杂。地层具有不同沉积旋回的沉积岩系，其中以阿克西特罗深海相灰岩、三描礼士浅海碎屑岩及灰岩、吕宋中部陆相盆地沉积岩系和巴塔安火山杂岩为主。矿区内主要是北西西向展布的走滑断层，同时北西向和北东向密切。矿区的超基性岩带主要由马新洛、卡班嘎和三安托尼三个超基性岩体组成。岩性主要由黑褐色块状强蛇纹石化方辉橄榄岩组成，还有少量橄榄岩、辉长岩、纯橄榄岩等。矿区内不仅有镍矿，还有其他金属矿产，如金矿、铜矿等，镍矿量最大，常见于超基性岩体顶部红土风化壳内，与蛇纹石化方辉橄榄岩关系紧密。产于红土风化壳中的镍矿矿体大多总体上受地形控制，平面形态复杂，呈不规则状，矿体的分布范围与红土风化壳分布基本吻合。镍矿物主要以镍硅酸盐形式产出，主要含镍蛇纹石、镍绿高岭石、镍镁绿泥石和硅镁镍矿等（刘成忠等，2009）。红土镍矿的形成与化学风化分不开，菲律宾地处近赤道北部，常年炎热潮湿，雨水丰足，这对当地矿床的风化起着决定性作用，化学风化可使超基性岩体顶部红土风化壳中的镍含量普遍增高，在局部富集区域形成红土型镍矿。

4.1.2 菲律宾镍资源的地位

4.1.2.1 菲律宾镍资源在全球的地位

从全球分布来看，主要的镍资源储量国分布于南美洲、南太平洋的一些国家（图4.1、表4.4），2009年以后全球镍产量持续增长，2021年达到273万吨（表4.4）。在东南亚国家的镍资源多集中在印度尼西亚和菲律宾，2021年两国镍矿储量分别为104万吨和387万吨。菲律宾平均每年产量占全世界镍产量的14%左右。

据美国地质调查局（USGS）的统计，印度尼西亚是世界上最大的镍出口国，并长期靠出口原矿产品盈利，而在2014年初印度尼西亚政府禁止未加工的原矿出口，自此改变了矿产出口的格局，虽然在2017年初印度尼西亚政府暂缓了此项禁令，但又于2020年开始禁止镍含量低于1.7%的矿石出口。生产和出口镍矿便成为菲律宾、俄罗斯等其他镍资源国的重要发展战略，而中国是菲律宾镍出口的最大进口国。2017年5月，Roy Cimatu上任环境部部长，对矿业的政策宽松了许多，陆续恢复了一些矿场的经营。2020年菲律宾的GDP数据同比下降了9.57%，于是为了刺激经济和增加国家收入，在2021年4月菲律宾取消了2012年实施的新矿产协议禁令，重新打开了投资的大门。

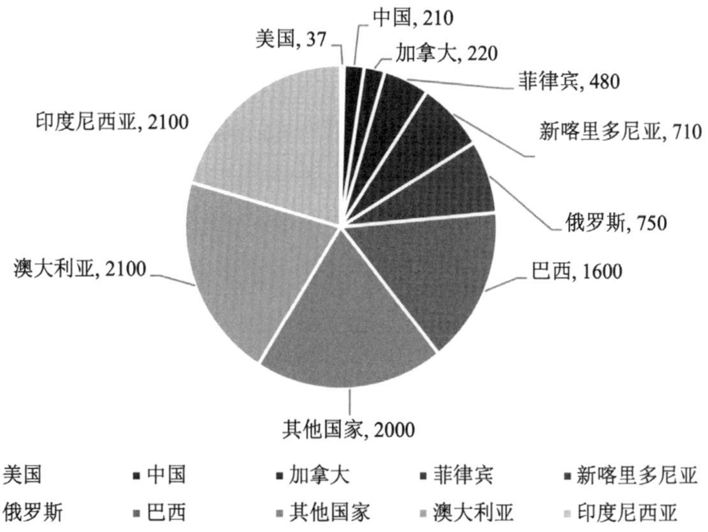

图4.1 2021全球镍资源储量分布图
（资料来源：USGS Mineral Commodity Survey 2022）
单位：万吨

表 4.4 全球镍资源产量和储量 单位：万吨

国家		产量						储量	
		2016年	2017年	2018年	2019年	2020年	2021年		
美国		2.41	2.21	1.76	1.35	1.67	1.84	37	
澳大利亚		20.4	17.9	17	15.9	16.9	15.1	2100	
巴西		16	7.86	7.44	6.06	7.71	7.6	1600	
加拿大		23.6	21.4	17.6	18.1	16.7	13.4	220	
中国		9.8	10.3	11	12	12	10.9	210	
印度尼西亚		19.9	34.5	60.6	85.3	77.1	104	2100	
新喀里多尼亚		20.7	21.5	21.6	20.8	20	18.6	710	
菲律宾		34.7	36.6	34.5	32.3	33.4	38.7	480	
俄罗斯		22.2	21.4	27.2	27.9	28.3	20.5	750	
其他国家		39.29	42.27	41.7	41.61	27.3	42.9	2000	
世界总计（四舍五入）		209	216	240	261	251	273	10207	
中国	产量占全球比重/%	4.69	4.77	4.58	4.6	4.78	3.99	储量占全球比重/%	2.06
菲律宾		16.6	16.94	14.38	12.38	13.31	14.18		4.7

资料来源：USGS Mineral Commodity Survey 2018—2022。

据图4.1，图4.2和表4.4所示，在镍资源储量方面，截至2021年，全球镍资源储量已突破1亿吨，其中镍储量大国有印度尼西亚、澳大利亚、巴西、俄罗斯、新喀里多尼亚、菲律宾、加拿大、中国和美国等。

在镍资源产量方面，2016年及2017年菲律宾居世界第一，2018年到2021年，印度尼西

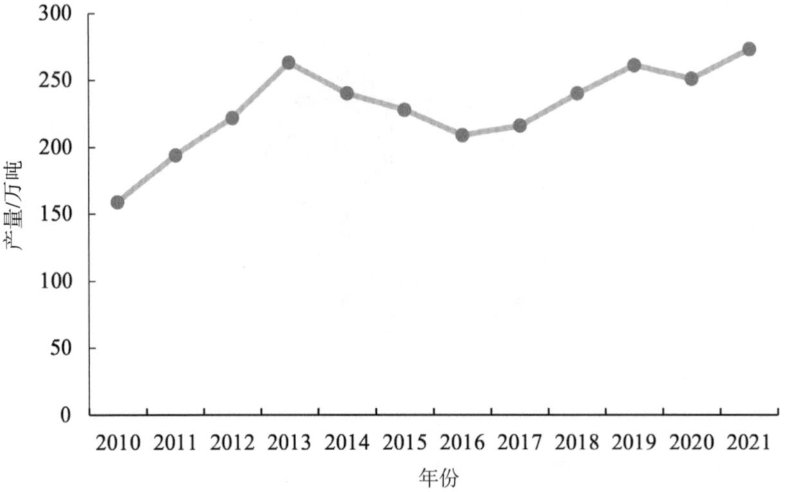

图4.2　2010—2021年菲律宾镍矿产量图
（资料来源：USGS Mineral Commodity Survey 2011—2022）

亚的产量以极大的优势与菲律宾拉开距离，菲律宾的产量在此期间也稳步上升，仍居于世界第二的位置。

在镍资源价格方面，根据LME官方网站数据，2018年3月至2022年12月，国际镍价总体呈上升趋势。其中，2022年3月7日，镍价出现“史诗级”的暴涨，有学者分析，这次镍价暴涨与俄罗斯受欧美制约，镍的流通受到影响，短期供给无法满足新能源对镍快速增长的需求；青山集团的产品与LME的规定交割品不一致；有未知的力量短暂操控期货市场（韩雨彤等，2023）等三个因素有关。而后，镍价逐渐回落到正常水平。

根据中华人民共和国海关总署数据，2021年，我国镍资源进口量最大的前10个种类及其对应的进口国和进口量如表4.5所示，比较菲律宾与印度尼西亚、澳大利亚、巴西、俄

表 4.5　2021 年我国进口镍资源种类及进口国　　单位：吨

进口镍种类	第一进口国	进口量
镍矿砂及其精矿	菲律宾	3901014.24
镍铁	印度尼西亚	311693.49
镍湿法冶炼中间产品	新喀里多尼亚	8783.43
其他未锻轧非合金镍	澳大利亚	12698.29
锂镍钴锰氧化物	中国	5.55
镍的硫酸盐	澳大利亚	1.8
按重量计镍、钴总量≥99.99%，钴≤0.005%的未锻轧非合金镍	加拿大	145.2
非合金镍粉及片状粉末	澳大利亚	2399.6
以镍及其化合物为活性物的载体催化剂	美国	871.65
镍锍	俄罗斯	817.25

资料来源：中华人民共和国海关总署。

罗斯、新喀里多尼亚及加拿大等镍资源生产大国对我国出口的镍资源种类，我国2021年镍资源进口量最大的是镍矿砂及其精矿，进口量为435万吨，其中从菲律宾进口390万吨，菲律宾是我国镍矿砂及其精矿的主要进口国。镍矿砂及其精矿属于没有经过重加工的矿产资源，从菲律宾的大量进口，也与菲律宾采矿业生产技术相对落后和其镍矿砂及其精矿的价格较低有关（图4.3）。

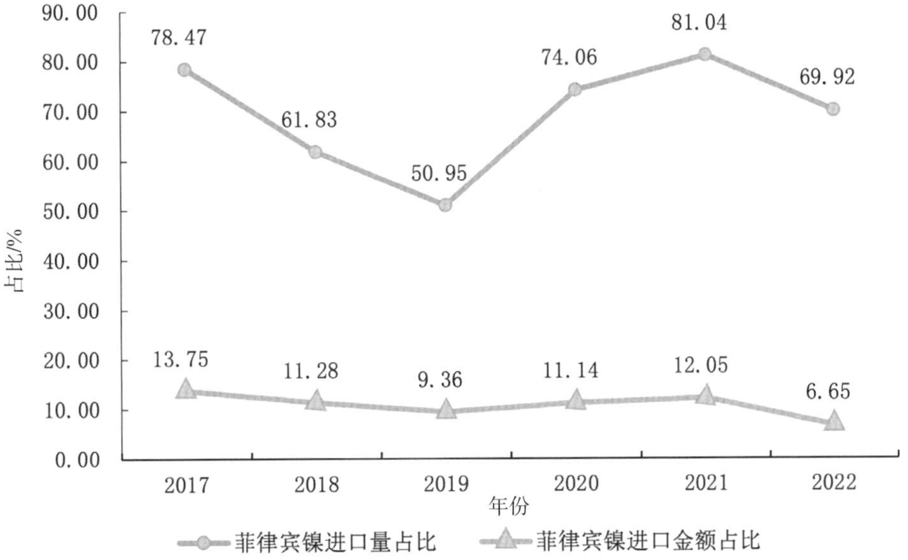

图4.3 中国自菲律宾镍进口量、进口金额占比图
（资料来源：中华人民共和国海关总署）

4.1.2.2 菲律宾镍资源在东盟的地位

从东盟分布来看，成都地质调查中心综合数据显示，目前我国从东盟进口镍矿占比高达92.3%，进口来源国主要为菲律宾和印度尼西亚，分别占进口总量的85.96%和13.70%，如表4.6所示，我国镍矿砂及其精矿仅从东盟的菲律宾和印度尼西亚进口。东盟的镍资源主要分布在印度尼西亚、菲律宾、缅甸和越南，其中，根据USGS数据显示，印度尼西亚的镍资源储量居全球第一，占世界镍资源储量的24%，菲律宾的镍资源储量居世界第十二，居东盟第二，印度尼西亚和菲律宾镍的矿床类型都以红土型为主（陈喜峰，2015）。

据长江有色金属网报道，截至2021年，“一带一路”地区查明镍矿储量1410万吨，约占世界镍矿储量的19.1%。菲律宾的镍矿储量在共建“一带一路”国家中占比排名第三，约占“一带一路”地区的7.8%。

2009年以后，全球镍产量持续增长，2021年达到273万吨（图4.2）。东南亚国家的镍资源多集中在印度尼西亚和菲律宾，2021年两国镍矿储量分别为2100万吨和480万吨。

由于红土镍矿的勘查和采矿成本较低、冶炼工艺已成熟、生产过程中可产生氧化镍等

表 4.6　东盟十国向中国出口的镍矿砂及其精矿

出口国	出口量/吨	出口金额/元
菲律宾	39010142.413	19401137288
印度尼西亚	839161.249	311177879
缅甸	—	—
马来西亚	—	—
泰国	—	—
新加坡	—	—
越南	—	—
文莱	—	—
柬埔寨	—	—
老挝	—	—

注：其中缅甸、马来西亚、泰国、新加坡、越南、文莱、柬埔寨和老挝在中华人民共和国海关总署中没有向中国出口镍矿砂及其精矿的数据体现。

资料来源：中华人民共和国海关总署。

中间产品、分布地理位置优越等因素，勘查、开采氧化镍矿越来越重要。镍的氧化矿因含铁高，铁氧化后成红褐色，故又名红土镍矿。红土镍矿按照所属矿床层次不同分为两类，分别位于矿床的上、下层，位于矿床下层的硅镁镍矿的镍含量较高（>2%）。红土镍矿多分布于赤道附近的国家或地区，如新喀里多尼亚岛、印度尼西亚的苏拉威西（Sulawesi）镍矿带、菲律宾巴拉望（Palawan）镍矿带和吕宋岛三描礼士（Zamboles）镍矿等。

4.2　菲律宾铜资源现状

铜很早就被人类所发现并使用，青铜时代人类开始将铜作为生活工具、乐器等。铜也是中国最早充当货币的金属媒介，这是因为铜具有质软、延展性、容易加工制作的特性。但是铜容易被氧化，生锈，也因如此，各国没有继续采用铜作为货币的主要媒介，而是用贵金属金或银充当了本位币或辅币。现代人类广泛运用铜在电气、轻工、建筑、国防、机械制造等领域中。

地壳中，铜矿化作用多发生在显著的造山带或构造岩浆岩带，或与海底火山喷发作用有关的沉积型层状硫化物矿床，或其他沉积型铜矿床。铜矿按照地质工业类型可分为以下几种类型（表4.7），其中斑岩型铜矿的探明储量占比重较大，具有规模大、品位低、埋藏浅、易开采并常有伴生矿物等特点。

4.2.1　菲律宾铜矿的形成与特点

菲律宾地处环太平洋铜矿带上，铜矿遍布全国各地，以斑岩型铜矿为主，主要铜矿区在北吕宋山区和南部山区，具体分布于北部吕宋岛的三描礼士省、本格特省、新比斯开和南部的北苏里高省、达沃省和东达沃省，沿近南北走向、具左行走滑性质的菲律宾大断层破碎带分布。

表 4.7 铜矿主要类型及分布

铜矿类型	概念	分布
斑岩型	储量大、品位低，可用大规模机械化露采的矿床矿石储量，是世界上重要的铜矿工业类型之一	多分布在环太平洋带、特提斯斑岩铜矿带和中亚–蒙古
砂页岩型	不同时代沉积岩中的层控铜矿，矿床产在一套沉积岩或沉积变质岩中，占世界铜储量的30%，规模大、品位高	多分布在环太平洋带、特提斯斑岩铜矿带和中亚–蒙古
黄铁矿型	与海底火山作用有一定联系的含大量黄铁矿和一定数量铜、铅、锌的矿床	加拿大、美国、西班牙、南非、日本等

资料来源：依据《矿产资源经济学》和《矿产经济学》整理。

菲律宾于第二次世界大战之后大规模开采铜矿，尤以低品位的斑岩铜矿为主，直至20世纪50年代中期，位于Atlas的两座铜矿投入生产，80年代，铜矿产量达100万吨，成为世界第五大产铜国。但是在矿业法颁布之前，由于自然灾害、生产技术匮乏、对矿业的限制多等因素，影响了铜矿生产状况。菲律宾铜矿2021年产量为5.1586万吨，占当年世界铜矿总产量的0.24%（图4.4）。

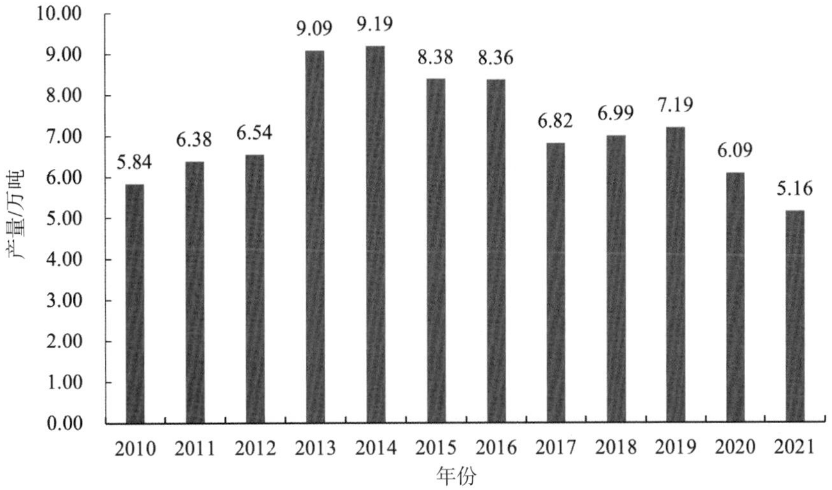

图4.4 菲律宾2010—2021年铜产量情况图
（资料来源：菲律宾矿产和地质局）

4.2.2 菲律宾铜资源的地位

4.2.2.1 菲律宾铜资源在全球的地位

据USGS统计，在2010年至2022年间，全球铜产量呈现稳定上升趋势，而各年的增长幅度较小（图4.5）。

2021年底全球铜储量为8.8亿吨，产量为2120万吨（表4.8），多集中于南美洲的智利、秘鲁和大洋洲的澳大利亚等（表4.9）。从资源储量层面看，这三个国家属于第一梯队，其中智利的铜矿储量占世界总储量的21%，2019—2022年，智利的铜矿平均产量约占全球总

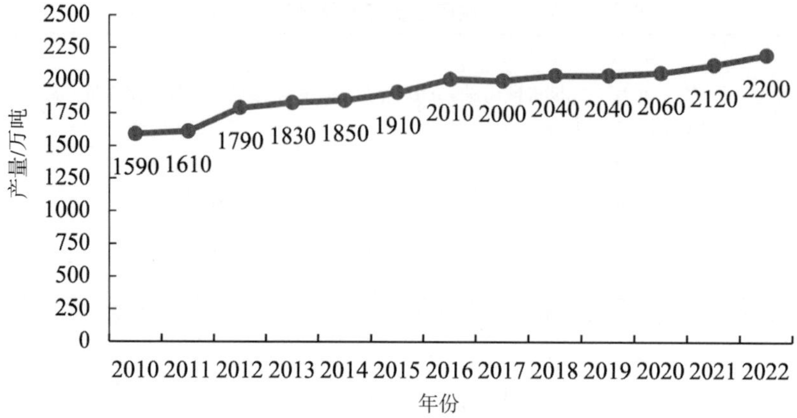

图4.5 2010—2022年全球铜产量趋势图
（资料来源：USGS Mineral Commodity Summaries 2012—2023）

产量的27%。2019—2022年，铜产量增加了8%。墨西哥、美国、俄罗斯等为第二梯队，蒙古、南非、菲律宾等为第三梯队（表4.9）。全球对铜矿开采冶炼的大规模公司多集中在美洲、欧洲和亚洲，如美国的自由港集团、加拿大的第一量子矿业公司、瑞士的嘉能可集团、中国的紫金矿业集团、智利国家铜业等。其中智利国家铜业为国有企业，也是世界最大的铜矿控制企业，占全球铜矿生产总量的6.6%，其余大多数为上市企业，且形式多元，多通过发行公共基金或私募股份持有。

表 4.8 近几年全球铜产量分布及 2021 年储量情况 单位：万吨

国家	产量						储量
	2016年	2017年	2018年	2019年	2020年	2021年	
美国	143	126	122	126	120	123	4800
澳大利亚	94.8	84.9	91.1	93.4	88.5	81.3	9300
加拿大	69.3	59.5	54.3	57.3	58.5	55	980
智利	555.3	550.4	583.2	578.7	573	562	20000
中国	190	170.6	162.5	168.4	172	191	2600
刚果（金）	102.3	109.5	122.6	129.1	160	174	3100
印度尼西亚	72.8	62.2	65.1	36.1	50.5	73.1	2400
哈萨克斯坦	46.8	55.8	63.6	56.2	55.2	51	2000
墨西哥	79.4	74.2	69.7	71.5	73.3	73.4	5300
秘鲁	235.4	244.6	243.7	245.5	215	230	7700
波兰	42.4	41.9	40.1	39.9	39.3	39.1	3100
俄罗斯	70.2	76.2	78.5	80.1	81	94	6200
赞比亚	76.3	79.4	85.4	79.7	85.3	84.2	2100
其他国家	416	425	354	310	284	285	18000
全球	2010	2000	2040	2040	2060	2120	88000

资料来源：USGS Mineral Commodity Summaries 2020—2023。

表 4.9 全球铜资源分布分类情况

分布	包含国家
环太平洋中新生代铜金带	智利、秘鲁、美国、加拿大、菲律宾、印度尼西亚、巴布亚新几内亚等
阿尔卑斯-喜马拉雅中生代斑岩铜矿带	前南斯拉夫、伊朗、巴基斯坦、中国等
中亚-蒙古古生代斑岩铜矿带	乌兹别克斯坦、哈萨克斯坦、蒙古和中国等
中非砂页岩型铜钴矿带	赞比亚、刚果（金）
北美铜镍硫化物集中区	美国、加拿大
北美黄铁矿型集中区	加拿大
中欧页岩铜矿区	波兰、德国
西欧黄铁矿型铜矿带	西班牙、葡萄牙
西比利亚铜镍硫化物矿区和砂页岩铜矿区	俄罗斯
亚欧黄铁矿铜多金属矿带	俄罗斯、哈萨克斯坦

资料来源：根据《世界矿产资源年评》（2010—2015）整理得出。

智利已成为全球最大的铜矿出口国和铜矿石及加工产品的生产国，一直以来也是中国最大的铜矿供应国（计启迪等，2021）。亚洲的铜矿资源主要来源于智利的私有矿业企业，占其出口总额的60%，其中30%是输入中国市场。虽然以中国五矿为代表的一些国内大型矿业企业欲与智利铜矿合作开发，但是最终未达成协议，智利在铜精矿生产方面技术有限，运输方面仍需加大建设，因此中国在智利投资铜矿的项目逐渐增加。但是由于近几年受多重拉尼娜事件影响，秘鲁、澳大利亚等国家极端灾害频发，采矿活动常被中断（吴鹏等，2022）。且这几大铜矿资源国都距离中国相对遥远，运输成本是最大问题。菲律宾虽然铜矿产量仅占世界铜矿产量的0.24%，但是国内需求量极小，铜矿出口量大。菲律宾与中国是近邻，距离较近，海运成本低，无疑将会成为中国铜矿资源的进口理想国之一。

比较菲律宾与智利、澳大利亚、秘鲁三个世界铜储量前三的国家对我国出口的铜资源种类（表4.10），发现我国进口量前十的铜资源种类中有四类铜产品从菲律宾的进口量要

表 4.10 2021 年我国前十进口铜资源种类及主要进口国家情况 单位：吨

进口铜种类	主要进口国	进口量
铜矿砂及其精矿	智利	8871107.36
未精炼铜；电解精炼用的铜阳极	智利	142447.95
未锻轧铜含量＞99.9935%的精炼铜阴极	智利	695044.55
未锻轧其他精炼铜阴极	智利	61009.93
其他未锻轧的精炼铜	智利	182.03
未锻轧的铜锌合金（黄铜）	秘鲁	117.95
其他未锻轧的铜合金	菲律宾	4021.89
铜废料及碎料	菲律宾	30027.24
无衬背精炼铜箔，厚≤0.15mm	菲律宾	1383.93
印制电路用覆铜板	菲律宾	95.61

资料来源：中华人民共和国海关总署。

大于其他三个国家。铜矿砂及其精矿是我国进口量最大的铜资源种类，2021年，我国铜矿砂及其精矿总进口量为2340万吨，主要从智利、秘鲁等国进口，菲律宾排名第15（图4.6）。由于智利的铜矿储量以及加工优势，我国从智利进口的铜产品多为铜矿砂及其精矿以及各类精炼铜，但与此同时，对于铜废料及其碎料、其他未锻轧的铜合金、无衬背精炼铜箔以及印制电路用覆铜板，我国从菲律宾的进口量要远大于智利、澳大利亚以及秘鲁，其中最主要的是对铜废料及其碎料的进口。我国铜资源短缺，废铜的再生利用能够较好满足国内铜资源的消费需求，而菲律宾废铜生产成本及运输成本低，从菲律宾进口废铜相较于从其他国家进口有更大的价格优势（董晓娟等，2022）。

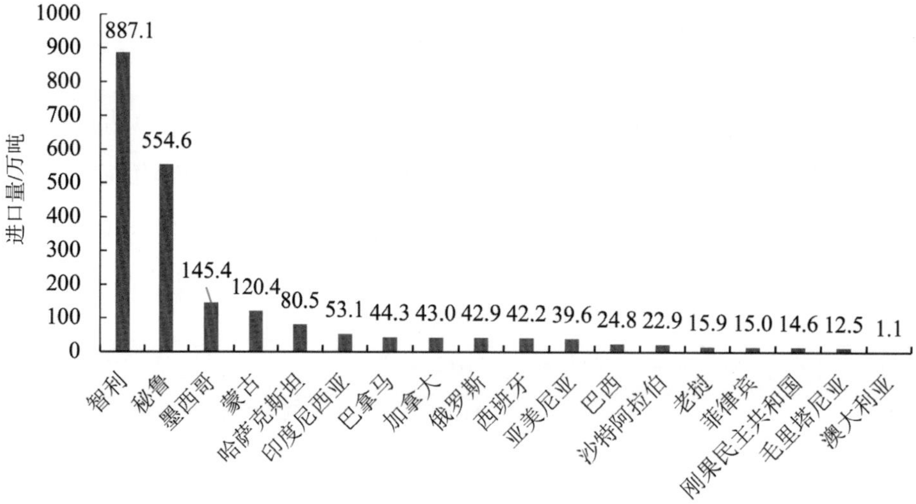

图4.6　2021年中国铜精矿主要进口来源国
（资料来源：中华人民共和国海关总署）

4.2.2.2　菲律宾铜资源在东盟的地位

东盟地区位于板块交界处，成矿条件优越，其整体的铜矿储量非常丰富，铜也是东盟地区主要的矿产资源之一。菲律宾的铜资源储量在东盟各国中排名第二，仅次于印度尼西亚，是铜资源大国。2015年，印度尼西亚铜矿储量为2500万吨，菲律宾铜矿储量为700万吨（表4.2）。同时，据菲律宾国家地质矿业局统计，菲律宾的铜矿在全国都有分布，且仍存在大量的铜矿床和铜矿点，具有较大的发展前景。

东盟地区与我国距离近，运输成本低，也是我国铜资源进口的重要来源。我国从东盟十国进口的铜矿砂及其精矿占到总进口量的3.8%。其中菲律宾向我国出口了15.94万吨铜矿砂及其精矿，在东盟地区排名第三，是我国重要的铜资源进口国（表4.11）（韩见等，2021）。

表 4.11 东盟十国向中国出口铜矿砂及其精矿情况　　单位：吨

出口国	出口量
印度尼西亚	531218.1
老挝	159350.6
菲律宾	150264.7
马来西亚	41804.79
缅甸	7812.78
越南	2155.384
泰国	25.39
新加坡	0.001
文莱	—
柬埔寨	—

资料来源：中华人民共和国海关总署。

4.3 小结

基于菲律宾天然的地质和地理优势，镍、铜矿资源储量和产量优势及其矿种的品质优势等，中国可利用资源优势互补战略投资菲律宾镍、铜矿资源。2012年至2017年间，菲律宾一直是全球最大镍产量国家，直到2018年被印度尼西亚反超，成为第二大镍生产国，2021年平均产量占全球镍产量的14%左右。但由于印度尼西亚的政策原因导致其镍出口受阻，故菲律宾仍是我国镍进口量最大的国家。菲律宾镍市场占有额大，同时镍进口成本低，为中国投资海外镍资源市场，尤其是投资菲律宾的镍资源提供最佳选择。铜资源虽然并非菲律宾的优势资源，产量远低于中国，但是中国的铜资源需求旺盛，进口铜矿资源是唯一的解决出路，因此，成本低、风险小、距离近的菲律宾也可作为中国投资、进口铜矿主要资源国的选择，从而可以进一步改善国内矿种资源不足的现状。

5 菲律宾矿业投资环境要素分析

5.1 历史背景

如果将菲律宾的历史在时间轴上进行分割，那么菲律宾历史主要可分为三大板块：第一板块是菲律宾古代史；第二板块是殖民地时期；第三板块是菲律宾独立时期，即现代时期。提及菲律宾国家名称的由来，“Philippines”取自第一个殖民国家西班牙的一位太子的名字——菲利普。

5.1.1 菲律宾古代史

自史前至1521年，菲律宾经历了旧石器时代、新石器时代、金属时代等历史时期。考古学家在菲律宾吕宋岛北部的卡加延河谷发现了大量的石器和被猎杀的哺乳动物的遗骸，其中的石器大多为片石石器，也有现在被认为菲律宾国宝的象牙石器。以上文物都有力地说明了，早在更新世中期就有原始人类在菲律宾居住或活动。在这一阶段，新石器时代农业发展迅速，金属时代青铜铁器得到使用，这对菲律宾发展具有重大的意义。直至西班牙入侵之时，菲律宾仍旧处于原始社会，且社会发展很不平衡。

菲律宾与亚洲其他国家的贸易往来也是从西班牙入侵之后开始有记载，在中国的宋、元、明代时期，菲律宾与中国的贸易联系最为紧密。据中国不同朝代的古代典籍，如《宋史》《太平寰宇记》《文献通考》《诸蕃志》《元史》《岛夷志略》《南海志》《新元史》《苏禄》《明史》等记载，在现菲律宾群岛处出现了许多称呼各异的地区，它们其实就是现在菲律宾的部分岛屿（表5.1）。一些国名或地名在同一朝代称呼也有不同，比如棉兰老岛的三宝颜地区，在《诸蕃志》和《文献通考》等古籍中分别被称为“沙华公”和“三麻兰”；一些地区即使朝代迁移，但是国名或地名没有改变，如棉兰老岛东北部的武端地区，在古籍《宋史》《南海志》中都被称为“蒲端”，苏禄群岛在古籍《岛夷志略》《南海志》和《明史》中均被称为“苏禄”，民都洛岛在《宋史》《太平寰宇记》《文献通考》和《岛夷志略》《南海志》中均被称为“麻逸”。

5.1.2 殖民地时期

1521年至1945年，菲律宾先后沦为西班牙、美国、日本的殖民地。由于殖民制度不同，三国在对菲律宾的不同统治时期对当地的政治、经济、文化等影响各有不同。其中，西班牙的统治时期最为长久，将近四个世纪，直至美西战争，美国有机会进驻东南亚、占领菲律宾领土。

表 5.1 菲律宾古国出现在中国古代典籍的情况

朝代	国名/地名	古籍出处	今所在地	国名/地名	古籍出处	今所在地
宋代	麻逸	《宋史》《太平寰宇记》	民都洛岛/吕宋岛	流新	《诸蕃志》	马尼拉港
	里汉	《诸蕃志》	卢邦岛	沙华公	《诸蕃志》等	三宝颜地区
	三麻兰	《文献通考》	三宝颜地区	蒲端	《宋史》	棉兰老岛东北部的武端地区
元代	麻里噜（芦）	《岛夷志略》《南海志》	马尼拉	苏禄	《岛夷志略》《南海志》	苏禄群岛
明代	吕宋	《明史》	马尼拉一带	古麻剌朗	《明史》	棉兰老岛

资料来源：根据部分古籍整理。

1519年9月20日，葡萄牙航海家麦哲伦追随哥伦布的足迹，在西班牙国王查理一世的大力支持下，决定开往香料群岛。但是由于航线误差，麦哲伦船队于1521年发现了萨马岛上的山岗，也就是菲律宾——这也为欧洲人开辟了通向亚洲大陆的新航道。登岛后，麦哲伦把结盟首领、宣传天主教作为侵占领土的主要手段。

此后，西班牙国王查理一世在1525年至1527年间，相继派出三支西班牙远征队探寻菲律宾，但都未成功。1529年，西班牙和葡萄牙签订了《萨拉戈萨条约》划分香料群岛归属地，使得菲律宾归为葡萄牙领土。1559年，继任西班牙国王的菲利普二世派了远征队再赴菲律宾，以武力手段占领宿务，并强制签订条约。该条约规定：宿务首领及居民必须受西班牙统治、向西班牙人进贡，冒犯西班牙人受到西班牙法律惩罚，等等。自此，菲律宾正式成为西班牙的殖民属地。1571年6月，马尼拉成为西班牙的殖民统治中心；至1578年，西班牙完全占领菲律宾中部、北部以及南部的棉兰老岛一带，初步确立了对菲律宾群岛的殖民统治。

1896年，菲律宾爆发了反西革命；1898年，菲律宾共和国诞生。在反西革命过程中，美西战争爆发，并于1898年签订了《巴黎和约》，割让菲律宾给美国政府。名义上，菲律宾第一共和国诞生并颁布宪法；但实际上，美军的占领和美菲战争爆发，使菲律宾最终于1901年归美国统治。自1901年至1935年的30余年统治时间内，美国分别通过了“第82号法令”和“第83号法令”以确定行政制度、《斯普诺修正陆军拨款法案》以确定在菲律宾建立的文治政府、《菲律宾法案》和《琼斯法案》（即《菲律宾自治法》）以确定菲律宾的国家机关组成和菲律宾人的自治权利。美国殖民统治与西班牙的统治最大区别在于，美国不完全以武力手段，而是在政治、经济以及军事等方面统治菲律宾。

美国国会于1932年通过了《菲律宾独立法案》，规定1932年至1942年为菲律宾10年过渡期，10年后菲律宾将得以独立。由于法案保留美国在军事、教育、经济等方面的控制权，菲律宾人民强烈反对。因此，美国总统不得不颁布《泰丁斯-麦克杜菲法案》以替代之前的《菲律宾独立法案》，赋予菲律宾在自治时期的更多的权利。因此，1935年至1941年是菲律宾的自治时期，菲律宾把握机遇加强国防建设，促进工农业发展，积极进行税收制度改革和教育改革，重视本土教育，采用本国人著作、宣扬民族文化、研究本国历史等。最重要的是，采矿业是自治期间发展最快的行业。

1941年底，日军偷袭珍珠港，太平洋战争爆发，日军飞经菲律宾时对一些城市进行轰炸，美国驻菲律宾空军基地也被炸毁，从此，日本控制了菲律宾群岛，成为第三个侵略菲律宾的国家，直至第二次世界大战结束。与美国殖民政策不同的是，日本在政治上实行严厉的军事专政，拉拢和利用菲律宾社会上层人士，同时军事管制所有机构部门以残忍屠杀、镇压反抗的民众。

菲律宾经历了近500年的殖民时期，来自欧洲、美国、亚洲的不同殖民者对菲律宾进行了在文化、宗教、政治、经济等方面各异的殖民统治和奴化教育，这段历史对菲律宾社会的各个方面都产生了巨大的影响，并对菲律宾人民的习俗、宗教信仰、人格人性及对世界、对社会的认识都留下了深刻的铭印。不同时期的殖民者对菲律宾的统治制度对比见表5.2。

表 5.2　菲律宾不同殖民时期制度比较

	西班牙（1521—1899年）	美国（1899—1935年）	日本（1942—1945年）
政治	高度中央集权的行政管理体系。总督由国王任命；中央政府下划分行省，共17个，由国王任命省督；省级行政机构下有城镇和村落；每个市建立市政厅。 设立最高法院，具有司法、立法机关、行政机关和管理教会的职能	建立文治政府，建立内政、商业和警察、财政与司法、公共教育4个部，建立765个镇、35个省，镇政府活动受省政府监督，省政府完全被美国政府控制。最高法院最高法官由美国人担任	1943年前军事专政：设立“行政委员会”统辖内政、财政、司法、农商、教育卫生和公共福利、公共事业6个部； 1943年后承认菲律宾“独立”，签订“日菲同盟”条约
经济	开启大帆船贸易往返于亚洲与美洲之间，很多中国商品通过此船销往西属美洲，主要输出中国的低廉生丝，带给西班牙大量大额利润；渐渐带入庄园经济，制定经济发展规划，鼓励私人开发资源，奖励农业、矿业和丝织业生产，并推广农业最新技术	通过法案规定美国商品进口菲律宾无税收、物数量限制，菲律宾商品出口美国则无以上优惠；第一次世界大战对菲律宾的原料和农产品需求增加；建立国家煤炭公司、铁矿公司、马尼拉铁路公司、国家石油公司、水泥公司和国家银行等一系列国有企业	改变农业结构：扩大棉花和亚麻的种植以供战争服务；控制贸易、工业和矿业等方面
宗教	天主教，并设立传教点；共派传教士1万人左右，四分之三菲律宾人信奉天主教	规劝信奉基督教	未说明
教育	未说明	“兴办教育”：通过74号法令规定建立公立教育制度，设立公共教育局；从美国聘请教师，所有公立学校教学语言为英语；著名的菲律宾大学创办于1908年	严格控制教育和文化，以为战争政策服务；普及日语，逐渐停用英语；严禁宣传英语与反日内容

资料来源：根据李涛《菲律宾概论》；陈列甫《菲律宾的历史与中非关系的过去与现在》；施雪琴《西班牙天主教在菲律宾：殖民扩张与宗教调适》等资料整理。

5.1.3　菲律宾独立时期

随着第二次世界大战反法西斯统治战争的进行，菲律宾人民对日本军队长期残忍屠杀、肆意掠夺的侵略行为奋勇反抗，Saburo Lenaga（1978）在《太平洋战争》介绍，27万菲律宾人参与到抗日队伍中。同时，美国为了能够再次接管菲律宾，也投入到对日本军队的战争中，这也造成菲律宾抗日胜利之后，随即被美国重占的结果。美国对菲律宾的再次控制，是菲律宾受到美国殖民时深刻影响的结果。但是在民族独立运动和反美势力的共同努力下，1945年12月菲律宾最终宣告独立，并于1946年举行菲律宾总统选举。独立时期至今菲律宾经历了13位总统，现任总统为2022年6月上任的费迪南德·罗慕尔德兹·马科斯，是第六任总统费迪南德·马科斯的儿子。

5.2 自然环境

5.2.1 地形地貌

菲律宾坐落在亚洲东南部，国土总面积近30万平方千米，是一个拥有7107个岛屿的国家。北、东、南、西分别临巴林塘海峡、南海、苏禄海、苏拉威西海和太平洋，地处东经112°~127°，北纬4°23′~21°25′，是通往大洋洲、南亚、东亚的必要通道。菲律宾的地形复杂，地貌多样，国土面积的75%以上为山地，大部分山地的海拔为2000以上，其中位于棉兰老岛的阿波火山（Mt. Apo）海拔高度和凸起高度均为2954米，是全国的最高点，其余国土为平原与河谷。

菲律宾处于菲律宾板块，四周发育海沟，西毗邻欧亚板块，东与太平洋板块相接，南与印度洋-澳大利亚板块相连，属于上述三个板块的汇聚地带（板块三联点）。西部发育欧亚板块的南海大陆棚向菲律宾板块俯冲的海沟，即马尼拉俯冲带；东部发育太平洋板块向菲律宾板块俯冲的俯冲带，即菲律宾俯冲带，北段或称东吕宋俯冲带。在两条俯冲带中间发育纵贯南北走向的菲律宾断层，系左行走滑性质。根据研究者对菲律宾群岛大地构造的划分，可分为3个部分，北部为吕宋弧，西南部为米沙鄢块体，东南部为东菲律宾破碎带。

菲律宾的众多岛屿之间多为浅海，这些岛屿构成了3个最大的群岛，由北向南依次为吕宋（Luzon）岛、米沙鄢（Visayan）群岛和棉兰老岛（Mindanao），吕宋岛面积最大，约为10.99万平方千米，占国土面积的35%左右；其次是棉兰老岛，面积约为9.46万平方千米，占国土面积的32%左右。很多山脉都横纵贯穿于三大岛屿，相互平行。

菲律宾群岛出露的地层为上古生界—新生界的地层，连续性差，分散分布。最老地层是石炭系—下二叠统浅海相灰岩和厚层状细碎屑岩系，尤以西部地区的巴拉望岛中北部、民都洛岛西部和三宝颜等地较为发育，其中以巴拉望岛出露的层序较全。区内最老的晚古生代地层在板块的俯冲作用下，处于高压低温构造环境，产生低绿片岩相变质作用，使大多岩石变质成为片岩、千枚岩和板岩。菲律宾地质演化过程中显示出的地层间广为发育的角度不整合接触关系，揭示了菲律宾地块经历了频繁的地质构造运动，导致超基性-酸性岩浆的侵入和喷发，形成十分发育的岩浆岩体或岩浆岩带。富含超铁镁质的基性-超基性岩，如蛇绿岩或蛇纹岩，主要发育在与板块俯冲带有关的上盘地域，如吕宋岛的西-西南部三描礼士带、安迪克带、卡西古兰带、比科尔-东棉兰老带、三宝颜-苏禄带、巴拉望带。伴随超基性岩浆活动和火山喷发作用的矿化作用形成了有工业价值的镍矿矿床。构造运动产生的断裂构造，特别是在菲律宾的中东部发育的南北走向具压扭性性质的菲律宾断层破碎带，切割深，活动性强，为超基性-酸性岩浆岩和火山岩的形成提供了有利的构造条件，发育大量的火山岩，如玄武岩、安山岩、细碧岩夹层状凝灰岩，并伴有镍、铜矿化作用，形成一定规模的镍矿床或铜矿床，尤以铜矿矿床最为显著。

菲律宾的平原与河流仅占国土面积的25%，平原分为内陆谷地平原和沿海平原。内陆谷地平原是指由地下断层陷落作用或河流冲积而形成的平坦区域，集中在吕宋岛和棉兰老岛这两大岛屿上。而沿海平原形成原因较多，或由海蚀平台或水下浅滩相对上升露出海面形成，或由波浪或潮流的直接堆积而成，或由河流冲积物带入海中后再经波浪和潮流的重新堆积而成。菲律宾的沿海平原是由于东部沿海山脉从海洋边缘凸出，各岛沿海平原难以伸展，加上山涧溪流的冲刷，从而形成的断续间隔的小块冲积三角洲。这些三角洲宽度一般为15千米左右。

菲律宾境内河流、湖泊较多。河流多集中在吕宋岛，总数60多条，占全国河流数量的一半。其中流域面积最大的是起源于卡拉巴略山脉的卡加延河，流域面积达27300平方千米。菲律宾的湖泊以永久性湖泊为主，主要有火山湖、构造湖、火山堰塞湖和水库4种类型，是不同时期火山和地震活动所造成的结果。菲律宾地震多发，2023年2月以来，菲律宾已发生过5次地震，对当地群众生活与投资环境造成较大的影响❶。其中内湖是菲律宾最大的湖泊，面积达93000公顷，渔业资源十分丰富。总之，菲律宾的水资源非常丰富，河流多偏短且曲折，这是由菲律宾多山地的特点所决定的。

5.2.2 气候条件

菲律宾处于赤道与北回归线之间，属于低纬度气候，（按照斯查勒气候分类法）拥有赤道多雨、热带海洋和热带干湿季复杂气候。菲律宾一年四季温度较高，湿度较大，降雨量大，台风与海啸多发。据菲律宾国家减灾委员会公布，2021年的台风雷伊造成菲律宾受灾人数至少达到395万人，经济损失惨重❷。菲律宾横跨北纬4°～21°，气候跨度大。菲律宾大气物理地理和天文管理局把国家气候分成雨季和干季两季，具体对应不同的月份、气温和降雨量（表5.3），因此，菲律宾北、中、南部气候差异较大。以降雨量为标准，可以将菲律宾的气候分为五大类型。

❶资料来源：根据《地震速报》整理。

❷资料来源：菲律宾国家减灾委员会。

表 5.3 菲律宾气候情况

月份	12—2月	3—5月	6—8月	9—11月
是否降雨	干季		雨季	
气温	冷	热		
季节	冷、干	热、干	多雨	

菲律宾雨量充沛，年均降雨量最多的地区为吕宋岛西部的碧瑶，最少的是米沙鄢群岛的宿务，最大降雨量月份为每年6—9月，全国平均最多降雨集中于每年12月和2月，平均降雨量分别为965毫米和4064毫米，年平均湿度为77%。碧瑶位于吕宋岛西北部，全年平均气温26.6℃，每年1月最冷，平均气温25.5℃，5月最热，平均气温28.3℃，气候宜人，是热带国家少有的常年凉爽的城市，且气温相差不大，一年四季区分不大，只有干季与雨季之分。

丰富的自然资源、地层地质构造、气候资源等对菲矿产资源的形成都具有一定作用，使得菲律宾具有丰富的金属矿产资源，资源产量储量不断增加。矿产资源的产量、储量和品位的多少和高低直接决定投资国是否会投资开矿、勘探、开采和进出口的数量，投资环境与其呈正相关关系。

同时，自然环境的变化也会对当地的社会文化和土著民族生活产生一定的影响。菲律宾目前仍是一个农业大国，森林覆盖率的减少表明森林植被的利用情况愈加恶劣，这是因为受国家和地方政府对于土地转让或授予的相关法规的影响。而土著居民的生活几乎完全依赖土地的持有，如果森林植被减少，便意味着对土地的控制权减少，这将影响土著居民的生活来源和居所。詹姆斯（1992）所提出的“部落解体”这一概念，能够更好地解释环境恶化带给土著民族包括贫困、丧失自治权、社会混乱和文化消失的严重后果。

5.3 政治法律环境

5.3.1 政治环境

菲律宾于1898年通过第一部宪法，确定了菲律宾独立自由的共和国的地位，自此，菲律宾建立了立法、行政与司法机构，分别由国民代表大会、总统和最高法院行使权力，这是按照孟德斯鸠的三权分立基本原则制定的，是第一部由亚洲人制定的宪法，但随着美国的侵占，该部宪法被废除了。

菲律宾的现行宪法于1987年设立。宪法仍旧实行行政、立法、司法三权分立（表5.4），继续美国式民主制度。宪法明确了“国家的领土”“国家的原则与政策的宣布”“权利法案”“国籍”“选举权”“立法机关”“行政机关”“司法机关”“宪法委员会”“地方政府”“公职人员的职责”“国民经济和财产”“社会公平和人权”“教育科技、艺术、文化和体育”“家庭”“一般规定”“修改和修正”和“临时性规定”等，是其他法律的立法依据。

菲律宾国会由参议院和众议院两部分组成，参议院由24名议员组成，参议员必须是菲

表 5.4　菲律宾现行政治制度

权力	最高机构	主要职权	
立法	国会	立法权	国会有最高立法权，参、众两院均有立法权，参议院立法权小于众议院； 宪法授予国会立法权限范围，国会并不拥有所有立法权
		宣布国家进入战争状态的权力	在国会全体议员2/3通过情况下可行使
		提案权	众议院可以对拨款、税收、关税税率、增税法案、地方请愿、其他民间法案等起草和提出，由参议员提出修正案或修正后同意
		弹劾权	由全体议员1/3投票赞同即可行使确认/推翻弹劾案；众议院行使弹劾总统等政府高级官员的权力，参议院行使审理和裁决所有弹劾案件的权力；一年内仅可对同一官员提出一次弹劾案
		质询权	对政府各部门的负责人具有该权力
行政	总统	任命权	有权提名并经任命委员会同意后，任命各行政部门的首长、大使、公使和领事、陆军上校和海军上校等武装部队的军官以及宪法规定的其他由总统任命的其他官员；还可任命其他政府官员
		行政管理权	依法管辖所有的部、局、署等行政机关
		军队统帅权	武装力量的总司令，必要时，总统可以命令军队防止或者平定非法暴乱、侵略和叛乱
		赦免权	在终审判决后，特许缓刑、减刑、赦免、退回罚金和没收的财物，并在国会全体议员的多数同意下，还可行使大赦的权力，除弹劾案件或宪法另行规定外
		外交权	在货币委员会的同意下，总统可以代表菲律宾共和国同外国缔结或担保贷款协议，总统有权和外国签订条约，但须经参议院全体议员2/3多数通过
		行政协定权	经参议院2/3的全体议员同意后，总统有权和外国签订条约，否则无效
		提出预算权	国会常会召开后的30天内向国会提出财政来源
		物质生活的特殊待遇	待遇优厚（官邸一座，高额薪俸）
司法	最高法院（又称大理院）和各级法院	对有关大使、外交使节和领事的案件以及有关申请发布调卷重审令、诉讼中止令、履行职务令、责问权限令和人身保护令的案件，行使初审管辖权；按照法律或法院规则的规定，对下级法院关于下列案件的判决和裁决所提出的上诉或调卷重审令，进行复审、复查、驳回等；对司法部门官员和职员的任命权；对中级法院及其工作者的行政监督权；对中级法院法官的处分权和解职权。所受理案件必须在24个月内结案	

资料来源：根据菲律宾政府官网整理。

律宾本土出生的公民，且年龄满35岁，参加选举前在菲律宾居住两年以上，每位参议员由全国选举产生，任期最多为6年，不可连任两届以上。众议院由不超过300多名议员组成，年满25岁，拥有选举前至少1年的合格选民身份，任期3年，可以最多连任3届。每年7月的第四个星期一，菲律宾举办国会常会，每次会议天数由国会自行决定，短则一周，长则可继续开至第二年常会开会前的一个月。总统有权随时召开国会特别会议，但是无权解散国会，无权实施戒严法。

菲律宾实行总统共和制，按《菲律宾宪法》规定“总统有权提名并经任命委员会同意后，任命各行政部门的首长，任命所有宪法未另行规定任命办法的其他政府官员。中央政府各部部长直接受总统领导，均由总统任命，各部部长协助总统工作，对总统负责，每届内阁任期为6年”。菲律宾的地方政府的特殊之处是具有自治权，对本地区产业、道路、税费及其他与公众福利相关的法令具有管控权。菲律宾的总统与副总统的选举产生方式相同，任期均为6年，总统不得连任，副总统可以连任一届。

司法部门有权解决涉及法律上相关权利的争议。司法部门解释法律的含义，让法律适用于每个案件，决定法律是否违反了宪法，并决定是否存在严重滥用权力的情况。司法权归属于一个最高法院和法律规定的各级法院。

政府的每个部门都可以影响其他部门的行为，例如总统可以否决国会通过的法律；国会确认或拒绝总统的任命，并可在特殊情况下解除总统的职务；可以推翻违宪法律的最高法院法官是由总统任命的。

菲律宾全国划分为吕宋（Luzon）、米沙鄢（Visayas）和棉兰老（Mindanao）三大部分，共18个大区[1]。截至2023年，全国共有81个省和117个市，1489个镇、42036个村[2]。

菲律宾是亚洲范围内实行政党政治较早的国家之一。菲律宾现任总统为费迪南德·罗慕尔德兹·马科斯，是从美国独立后第13任总统。菲律宾在自治时期为国民党一党执政，直至1946年国民党内部另组自由党，并由自由党担任总统。自此，国民党和自由党轮流执政。目前，菲律宾政坛上政党上百个，大多数为地方性小党。这些政党虽代表不同的阶级或集团的利益，但是都具有一些相同的特点：其一，都对美国有一定的依赖性，这是由于长期为美国殖民地，并且大多数政党倾向于依赖美国的军队、财政和外交支持；其二，政党具有家族背景。

5.3.2　法律环境

矿业投资顺利的主要因素之一就是完善的法律体系。只有出台相关法律法规，才可以进一步保障投资者对菲律宾各个产业的投资。菲律宾先后出台了与投资、贸易等方面相关的法律，并定期进行修订（表5.5）。菲律宾现有的、与国外投资合作和矿业投资相关的主要法律法规包括《菲律宾宪法》（1987）和《菲律宾矿业法》（1995），这两个法案是矿业开发的基本依据。宪法中规定：“菲律宾所有自然资源归国家所有，任何勘探、开发和利用自然资源的活动都要受到国家的全面监督和控制。国家有权通过合作生产、合资和产品分享协议与菲律宾公民、菲方控股公司和社团（菲方至少占60%股份）共同开发矿产资源。”

---

❶大区是菲律宾的一种行政区划，用以组织81个省，促进行政便利。

❷资料来源：菲律宾对外投资合作国别（地区）指南2021 http://www.mofcom.gov.cn/dl/gbdqzn/upload/feilvbin。

表 5.5 菲律宾现有主要投资法律

法律名称	主要内容
《1987年综合投资法》	为国内外企业提供一系列国家优先发展领域的综合激励措施，企业需参与《投资优先计划》所列的领域予以享受优惠措施；若企业参与列入"投资优先计划"的领域[1]，在满足以下任一条件后即能享受优惠措施：①菲律宾公民所有的企业生产的产品50%以上的产品出口；②外商持股40%以上的企业生产的产品70%以上的产品出口
《1991年外国投资法》	外国公司被允许在菲律宾从事未列入《外国投资限制清单》包含清单A–宪法及其他法律规定禁止和限制外国投资的领域；清单B–外商所有权受法律限制的领域[2]
《1995年经济区法》	菲律宾经济区署负责该法的实施和给予经济区内的合格企业优惠政策
《1992年基地转型及发展法案》	确立了基地转型发展委员会、苏比克湾管理署以及苏比克经济区和自由港区
《地区总部、地区生产总部和地区仓储中心相关法案》	明确了关于在菲律宾设立跨国公司地区总部、地区生产总部和地区仓储中心的规定和指南
《投资者租赁法案》	宪法规定外国投资者不得占有土地。该法案规定允许外国投资者在菲律宾租用商业用地最长不超过75年（过去规定为50年）。符合以下条件的任何外国投资者可租赁私人土地：土地租赁合同期限为50年，仅可一次性延长25年；租赁的土地仅做投资用途；租赁合同应符合《综合土地改革法》和《地方政府法案》
《1994年出口发展法案》	向出口商提供优惠政策，鼓励增加在出口方面的投入，包括：设立出口发展委员会；鼓励私营部门参与出口推介活动；设立私营部门为主导的融资中心，直接为促进出口服务；为出口商提供财政激励政策等
《BOT法》	明确了私营企业参与一般由政府负责的基础设施建设和有关服务的政策和规定
第1786号总统令	关于亏损弥补制度，在出口加工区内登记的企业自登记经营之日起10年内产生的亏损，可以从其发生亏损后6年内应缴所得税中扣除
《新外资银行法修正案》	全面开放外资银行的准入与经营范围

资料来源：依据菲律宾投资署官网整理。

《菲律宾宪法》赋予"菲律宾总统可与外资公司'签订融资和技术协定，勘探、开发和利用大型矿山、石油和其他矿物油'的权力。只有菲律宾公民或菲方控股公司（菲方占至少60%股权）可以获得私有土地，外国人和外资公司可以通过租借协议租用私人土地，租期50年，每次可续延25年。"

[1]菲律宾政府将所有投资领域分为优先投资、限制投资和禁止投资三个领域，每年制定《投资优先计划》引导内外资向国家制定行业投资，优惠条件包括减免所得税、免除进口设备及零部件的进口关税、免除进口码头税、免除出口税费等财政优惠，以及无限制使用托运设备、简化进出口通关程序等非财政优惠。2015年4月，菲律宾投资署发布《2014—2016年投资优先计划》（IPP）实施指南，指出制造业、商务、农业和渔业、服务业（集成电路设计、创意产业和知识型服务、船舶修理、充电站的电动车、保养维修和飞机大修、工业废物处理）、医疗、节能、公共基础设施和物流、公私合作项目等领域被列入优先计划的首选项目，投资者可能获得的补助政策将根据该对经济发展的实际贡献而决定。

[2]清单中含11种行业不允许有外国投资者持股，小型采矿业是其中一种；自然资源的勘探、开发及利用公司的国外持有资本不得高于40%。

菲律宾国家环境和自然资源部（DENR）作为国家自然资源勘探开发及合理利用的主要负责机构，适时颁布相应的法规法律。DENR下属包括10个职能部门，矿业地质局（MGB）是其中之一，为促进国家矿产资源的可持续发展，扩大矿业对国家经济增长的贡献以及促进矿区所属的地区发展而建立，主要负责矿山的地质勘探、矿产资源和矿区的管理与配置、推荐矿山合同及承包商供部长批准，监督承包商合同履行情况。DENR部长可以代表政府签署矿山开采合同。MGB在矿业产业发展的同时促进环境的修复、促进社会与社区稳定、竞争与繁荣国家矿业。MGB在菲国内15个区域设立办公室，负责对各自区域矿业开发事项的处理。

在菲律宾与矿业相关的法律制度有《菲律宾宪法》（1987）、《菲律宾矿业法案》（1995）和《本土人权法案》（1997），三部法律对在菲律宾进行矿产资源勘探、开发和保护进行了法律规定。矿业法对矿业经营公司的设立以及矿业企业可以享受的鼓励政策均有规定（表5.6）。另外，矿业税费收取的主要目的是增加收入和引导纳税者的矿业开发行为。与矿业开发相关的税费主要包括：矿业权申请费用、收入所得税、权利金、进出口税、增值税、预扣税（表5.7），还有土著居民费、环境保护费、尾矿处理费等。为了加强矿山环境的保护和法律的执法，在菲律宾已通过的“行政命令79号”中指出，“不能在国家的旅游发展计划所属地、关键领域和岛屿以及农渔业发展区等勘探和开发矿业”，即巴拉望岛将不再被授予勘探开采的矿产许可证。

2014年至2015年5月，菲律宾政府共签发通过35个勘探许可证（PE），覆盖区域供给14.7万公顷，其中金矿和铜矿25个、7个铁矿砂和3个镍矿。自2013年起，共有38个金属矿在运营，其中37个为矿产品享有协议（MPSA）项目，超过一半在棉兰老岛，大部分是镍矿。还有小型开采权（SSMP），由省长签发，这类矿权只能颁发给菲律宾人，期限为2年可以续延，每年只限生产5万吨，且不能使用大型机械。其他与投资相关的矿业投资法规主要有《综合投资法》和《投资优先计划》，投资者在菲律宾矿业进行投资时也需参考其相应的优惠政策和规定（表5.8）。2018年，菲律宾政府所有经济特区起草了加密货币相关规则，计划将其发行的勘探许可证的数量控制在25个以内，且要求两年内的投资至少达到100万美元。并且菲律宾在2018年8月取消了对于批准采矿勘探许可证的两年暂停期。

自2000年起，凡在菲律宾登记注册的外国新建投资公司，无论经营地是否在菲律宾，每年均缴纳32%公司所得税，如在菲律宾投资中没有经营活动，仅有其他收入，可以以缴纳15%的年度净收入税代替公司所得税。若投资企业不申请优惠待遇，则与菲律宾本国企业缴纳相同税率。

中菲两国自建交以来不断签订双边贸易协定（表5.9），鼓励双边经济和贸易往来活动，促进发挥各自国家的优势和经济互补性，并决定优先发展一些领域（矿业资源的开发列在其中），并签订相关投资收益及税费缴纳等协定以保证投资活动顺利进行。

表 5.6 《菲律宾矿业法》的主要矿业权授予情况

<table>
<tr><th colspan="2" rowspan="3">项目名称</th><th colspan="9">矿业权授予形式</th></tr>
<tr><th colspan="2" rowspan="2">勘查许可证(PE)</th><th colspan="4">矿产协议(MA)</th><th rowspan="2">融资或技术援助合同(FTAA)</th><th rowspan="2">矿产加工许可证（MPP）</th></tr>
<tr><th>矿产品享有协议(MPA)</th><th>合作生产协议(CPA)</th><th colspan="2">合资协议（JVA）</th></tr>
<tr><td colspan="2">概念</td><td colspan="2">给予持有人在某一特定矿体中执行矿物勘探工作的权利</td><td>政府给予协议方在协议规定范围内执行矿业操作的专有权，并共享总产值</td><td>政府除了提供矿产资源外，还需要为矿业的营运提供其他要素</td><td colspan="2">合资公司由政府组织成立，协议双方共同拥有股权，除股权收入外，政府应当有权分享总产值</td><td>对于大规模勘探、开发和矿产资源利用的金融或技术协助的合同</td><td>可为碾磨、选矿、沁滤、熔炼、氰化、烧矿或矿石、矿产、岩石、矿山尾矿、采矿废弃物等的升级和/或其他冶金副产品或通过类似方法转化成可销售的市场产品等行为给予许可</td></tr>
<tr><td colspan="2">授权方</td><td colspan="2">矿山和地球科学局（MGB）地区办公室</td><td colspan="4">国家环境和自然资源部（DENR)秘书处</td><td>总统</td><td>国家环境和自然资源部（DENR)秘书处</td></tr>
<tr><td colspan="2">FDI</td><td colspan="2">100%</td><td colspan="4">40%</td><td>100%</td><td>100%</td></tr>
<tr><td colspan="2">矿产品</td><td colspan="2">无</td><td colspan="4">无</td><td>金、银、铜、铬、铅、镍、锌以及其他合作矿产品</td><td>无</td></tr>
<tr><td colspan="2" rowspan="6">最大许可勘探面积</td><td>任何一省</td><td>1620公顷/人</td><td rowspan="4">陆地地区</td><td rowspan="2">金属</td><td colspan="2">810公顷/人
5000公顷/公司</td><td rowspan="2">陆地上：81000公顷</td><td rowspan="6">无（小规模矿山生产矿石或选矿，仍遵循《1991小规模采矿法》）</td></tr>
<tr><td rowspan="2">全国陆地</td><td>3240公顷/人</td></tr>
<tr><td>32400公顷/公司企业</td><td rowspan="2">非金属</td><td colspan="2">810公顷/人
2000公顷/公司</td><td rowspan="2">海上地区：324000公顷</td></tr>
<tr><td rowspan="3">近海地区</td><td>8100公顷/人</td></tr>
<tr><td rowspan="2">81000公顷/企业</td><td rowspan="2">海上地区</td><td>金属</td><td colspan="2">5000公顷</td><td rowspan="2">海上地区：405000公顷</td></tr>
<tr><td>非金属</td><td colspan="2">2000公顷</td></tr>
<tr><td rowspan="2">勘探期限</td><td>初始</td><td colspan="2">2年</td><td colspan="4">2年</td><td>2年</td><td>无</td></tr>
<tr><td>延期</td><td colspan="2">2年×2</td><td colspan="4">2年×2</td><td>2年×2</td><td>无</td></tr>
<tr><td colspan="2">最低支出</td><td colspan="2">无</td><td colspan="4">无</td><td>5000万美元</td><td></td></tr>
<tr><td rowspan="2">采矿期限</td><td>初始</td><td colspan="2" rowspan="2">无</td><td colspan="4">25年</td><td>25年</td><td>5年</td></tr>
<tr><td>延期</td><td colspan="4">25年</td><td>25年</td><td>5年×4</td></tr>
</table>

资料来源：根据菲律宾矿业投资法；菲律宾矿业法；Koh Naito，Mining Law in Asia；经整理。

表 5.7 菲律宾主要矿业税费

税费名称	税率/费用
矿业权申请费（最低额）	20万比索（PE）、30万比索（MA）、50万比索（FTAA）
公司所得税	32%
增值税	10%
权利金	矿产品实际总产值的2%；煤、焦炭为10比索/吨
进口税；出口税	3%；无
红利预扣税	15%
利润；红利汇出税	外国公司为15%，PEZA企业免税；红利汇出税为32%
外国贷款利息预扣税	15%
外国服务预扣税	10%
土地占用费	100比索/公顷（矿产保护区）；50比索/公顷（非矿产保护区）
地方税	按经营地点不同，生产/制造/进口/承包商等按销售量或净收入缴纳一定百分比
发票税	3%～30%

资料来源：根据 MGB; Global Mining Taxation Study Comparative Study整理。

表 5.8 与矿业相关的其他规定

<table>
<tr><td rowspan="4">综合投资法[a]</td><td>投资遣返权</td><td>投资者可将投资所得按当日汇率折成投资者原币现金汇出</td></tr>
<tr><td>汇出收益权</td><td>投资者可将投资所得按当日的外汇比价，将清算后的全部投资收入以现金方式遣返</td></tr>
<tr><td>外贷权</td><td>为支付融资或技术援助合同产生的外币贷款和利息，投资者可按还款当日汇率折汇并汇出外汇</td></tr>
<tr><td>免于征用权</td><td>政府和任何个人不得擅自征用外国投资者的财产和企业，在由于公共用途、国家利益、国防而征用的情况下，外国投资者和企业有权根据当日汇价等值索赔</td></tr>
<tr><td rowspan="8">投资优先计划[b]（IPP）</td><td>免缴所得税</td><td>投资先锋领域，自注册之日起，6年免缴所得税；投资优先领域，自注册之日起，4年免缴所得税。具备以下任一条件，前两类所得税免缴期分别可延长1年：按投资署规定的比例使用当地原料、符合投资署规定的资本设备与雇员比例、每年外汇收入不低于50万美元。先锋企业共免缴期不超过8年。企业扩大规模可再延长3年</td></tr>
<tr><td>工资所得税减免</td><td>符合投资署规定资本设备与年雇员比例，新增雇员工资所得税减免50%。若企业位于经济欠发达区，减免75%</td></tr>
<tr><td>免缴契约税</td><td>（国家项目和地方项目一视同仁）该优惠同时给予外资出口导向企业</td></tr>
<tr><td colspan="2">简化海关手续，自由使用寄售设备/货物，出口型企业可使用保税仓库，非传统出口商品免征码头税和出口税</td></tr>
<tr><td colspan="2">注册之日起5年内，可聘用外籍监理、技术人员或顾问，期限可适当延长。外资所有的公司或相应机构的董事长、总经理和总会计师不受年限限制</td></tr>
<tr><td colspan="2">生产出口产品机器配件所需的原材料、零配件和半成品可享受税收信贷</td></tr>
<tr><td colspan="2">如外方拥有多数股权，自企业登记注册起5年之内，可雇佣高级外籍管理人员，包括董事长和总经理。外籍雇员可携带配偶和21岁以下的未婚子女</td></tr>
<tr><td colspan="2">经投资署登记注册在非经济欠发达区投资的外国企业，无论新建还是现有企业追加投资或扩大经营规模，都可享有：自注册之日起，6年免缴所得税；企业批准运营后，其基础设备建设100%免缴所得；新增雇员100%免缴所得；投资优先领域可拥有100%的股权</td></tr>
</table>

注：a菲律宾综合投资法，对于自然资源的勘探、开发和利用，外资所占比例超过40%。投资矿山可享受《菲律宾宪法》所规定的基本权利和保障，同时菲律宾政府保障投资者享受一些基本权利。

b列入《投资优先计划》中，在投资书注册的矿业企业/承包商MA和FTAA下享有综合投资法对归哪个的各项财政和非财政鼓励政策（勘探许可只享有财政优惠）。只有菲律宾人或菲律宾企业（菲律宾人股份至少占60%，且菲律宾人拥有至少30年）可以享受优惠，100%出口企业不在此列。企业产品出口达70%以上或是先锋项目（生产在菲没进行过商业化生产的产品或提供未在菲试用过技术、配方、加工和生产计划）可以享受该优惠。

资料来源：根据《菲律宾投资法》《投资优先计划》整理。

表 5.9 中菲两国主要投资贸易协定

签订时间	名称	主要内容
1975年6月	《中华人民共和国政府与菲律宾共和国政府贸易协定》	便利双方边境贸易或可能给予优惠和利益；鼓励两国之间进出口贸易，贸易支付以可自由兑换的货币办理；若两国贸易机构或进出口商之间存在有关商业交易争议，鼓励当事人通过友好协商解决
1992年7月	《中华人民共和国政府和菲律宾共和国政府关于鼓励和相互保护投资协定》	鼓励投资者在对方领土内依照当地法律和法规进行投资；以可自由兑换的货币按转移之日通行的官方汇率进行；投资者的保护和待遇问题；可对投资者在其领土内的投资采取非歧视性、公平合理的征收、国有化或其他类似措施；若产生争议尽可能在6个月内通过外交途径协商解决等
1999年11月，自2002年1月1日生效	《中华人民共和国政府和菲律宾共和国政府关于对所得避免双重征税和防止偷税漏税的协定》	对不动产所得、营业利润、国际运输业务所得利润、股息、利息、特许权使用费、财产收益等收益所得规定在非缴纳的税额，可以在两国消除双重征税（在一国取得的所得，在另一国抵免）无差别待遇、协商程序和情报交换等事宜
1993年	《经济技术合作协定》	提供经济技术援助规模和范围的协议
2000年5月	《中华人民共和国政府与菲律宾政府关于二十一世纪双边合作框架的联合声明》	促进双边贸易、投资往来及工业合作；扩大科技合作；发展双边旅游合作；尊重对方的独立、主权和领土完整等事宜
2004年9月	《中华人民共和国政府与菲律宾共和国政府联合新闻公报》	鼓励各自企业赴对方国家投资兴业，特别是在基础建设、农业、自然资源、信息等领域；维护南海地区和平与稳定；建设中国与东盟自贸区等
2007年、2015年	《关于扩大和深化双边经济贸易合作的框架协定》	鼓励双方经济贸易合作，优先发展农业、渔业、公共工程和基础设施建设、住宅建设、矿产资源开发、能源、旅游、工业园区和经济开发区、制造业等领域
2016年	《区域全面经济伙伴关系协定》	维护多边贸易体制，促进区域经济一体化
2018年	《南海各方行为宣言》《中华人民共和国政府与菲律宾共和国政府关于共同推进"一带一路"建设的谅解备忘录》	积极推进南海问题磋商；建立全面的中菲战略合作关系
2023年	《中华人民共和国政府和菲律宾共和国政府关于"一带一路"倡议合作的谅解备忘录》 《中华人民共和国政府和菲律宾共和国政府经济技术合作协定》 《中华人民共和国政府和菲律宾共和国政府关于中国向菲律宾提供优惠贷款的框架协议》	鼓励双方进一步发展双边贸易，深化"一带一路"倡议与基础设施建设，在农业、能源、基建、人文四个重点领域展开合作，并在贸易、投资和科技等领域开拓更多的合作方式与途径

资料来源：根据政府官网、东盟官网等整理。

5.4 经济环境

经济发展水平状况与矿业投资环境是相辅相成的，一国经济发展水平越高，矿业的投资环境就越好；反过来，矿业投资的增加也会促进矿产资源国的经济发展。目前各个国家的经济发展与世界经济一体化、全球化程度分不开，只有国家的贸易、投资、生产全球化才能更好地促进本国经济发展，同时世界经济的波动或危机也会直接影响矿业的投资环境。

5.4.1 经济环境概况

5.4.1.1 经济政策变迁

一国的经济和政治关系是相辅相成的，经济决定政治，政治也反过来影响着国家经济的发展。在独立初期的十几年间，菲律宾采取进口控制和外汇管制手段来解决贸易不平衡问题以及由此带来的其他经济问题。第一任总统罗哈斯在军事外交方面仍受到美国影响，并与其签订了期限为99年的《美菲军事基地协定》，允许美国在菲律宾国土保留20余处军事基地，并且可以随时变换军事基地数量和地点。因此，从这一时期到马科斯统治时期（1965年12月）之前，菲律宾与美国关系尤为紧密，禁止菲律宾参与社会主义国家主持的会议或招待会。罗哈斯去世后继任的第二任总统基里诺继续走亲美路线，支持美国在菲律宾军事基地的扩充建设，并派军参与1950年的美朝战争。第四任总统加西亚还制定了菲律宾人优先的政策，即菲律宾公民需要申请外汇从事工商业、菲律宾企业需要经营外国人控制的领域产业等都会得到优先受理或者政府予以支持。

1965年，费迪南德·马科斯（1965.12—1986.2）当选菲律宾第六任总统，继承了加西亚的民族主义特点，对外推崇“菲律宾第一”的口号，开始与其他发展中国家和社会主义国家建立友好关系。1968年，马科斯公开声明允许与共产党国家进行直接贸易和有限度的贸易活动，对中国也进行了正式和非正式友好访问，几年后，中国与菲律宾建立外交关系。马科斯政府对政治体系和机构进行整顿和改革，大力发展进出口产业，以获取垄断利润，实现粮食自给，举债进行国家基础建设和资源开发等。但是在其政府执政期间，菲律宾的新人民军、菲律宾南部穆斯林组织和政府军警冲突不断，使得社会局势变得更加动荡，统治集团内部的矛盾以及与其他集团之间的矛盾逐渐恶化，人民的不满情绪膨胀。此时，马科斯修改宪法，将总统制改为议会制，对国家进行军事管理。据中华人民共和国外交部记录，1983年8月，反对党领导人贝尼尼奥·阿基诺被谋杀，导致政局动荡。

1986年2月至1992年5月间，菲律宾的第七任总统，阿基诺的夫人科拉松·阿基诺就职。她上任后宣布废除《1972年宪法》，制定新宪法，即《1987年宪法》，积极与国内各武装组织和解。菲律宾进入经济转折期，科·阿基诺政府对国内经济模式进行大的改革调整，改变发展战略，并制定了任期6年的中期经济发展规划。这一期间，科·阿基诺政府采取一系列措施改变外交态度和外交形象，通过在本国举办国际大会，加强与周边邻国的关系，改善了与西班牙、美国和日本三个殖民国家的关系，同时也第一次对中国进行国事访问，重视中国与菲律宾之间的经济发展问题。菲律宾在上世纪80年代末、90年代初的政治动荡期间经历了多次军变。其中，1989年的“十二·一”军事政变对菲律宾经济造成了严重影响。此外，一系列自然灾害的发生也进一步加剧了菲律宾的经济困境。由于菲美经济关系紧密，1991年爆发的海湾战争不仅对菲律宾及其他国家的生态环境有很大影响，而且对菲律宾的经济发展限制巨大。海湾战争爆发前，科·阿基诺执政期间菲律宾年平均国民生产总值增长速度为6%，爆发后降低到1.5%～3%。

1992年第八任总统菲德尔·瓦尔德斯·拉莫斯（1992.6—1998.6）就职并制定了70余项法规对经济进行改革和90余项基础设施战略措施，同时与外国建立友好关系。但是1997年菲律宾经济受到东南亚经济危机的影响，经济增长趋缓，1998年经济增速降为负值。

第九任总统约瑟夫·埃杰西多·埃斯特拉达（1998.6—2001.1）和第十任总统格洛丽亚·马卡帕加尔·阿罗约（2001.1—2010.6）出台了一系列经济改革政策，如矿业复兴、假日经济、教育改革、住房温饱、土地分配等，并取得显著的成绩。2001年1月，埃斯特拉达因受贿丑闻被迫下台，副总统阿罗约继任总统。

贝尼尼奥·阿基诺三世（2010.6—2016.6）成为菲律宾从美国独立以来的第十一任总统。阿基诺三世时期，中菲两国政治互信加强，两国政府间的各个层次、各个领域往来、交流频繁，双边关系整体保持相对稳定状态。两国贸易规模逐渐扩大，投资合作领域愈加宽泛，遍布农渔业、贸易、纺织、机电加工、冶金等领域。2014年，中国是菲律宾在亚太经济合作组织（APEC）24个国家（21个成员国和3个观察国）中的第三大出口国和第一大进口国，出口额和进口额分别占菲对APEC盟国总额的16%和19.6%。两国军事交流和联合军事演习也不断加强，军事安全领域建立安全机制，促进了两国友好交往。菲律宾是多元化民族，是东西方文化汇集的交点，这对中菲文化的交融非常有利。据中华人民共和国外交部记录，中国同菲律宾自1975年建交以来，中菲关系总体发展顺利，各领域合作不断拓展。1996年江泽民主席对菲进行国事访问期间，两国领导人同意建立中菲面向21世纪的睦邻互信合作关系，并就南海问题上“搁置争议，共同开发”达成重要共识和谅解。2023年1月，马科斯总统对华进行国事访问，习近平主席同其会谈，发了《中华人民共和国和菲律宾共和国联合声明》，推动了双边关系再上新台阶。

第十二任总统罗德里戈·杜特尔特（2016.6—2022.6）严厉打击毒贩、禁止性骚扰，通过一系列措施改善菲律宾城市治安。杜特尔特于2016年10月访问中国，推动了中菲关系改善，同月《中华人民共和国与菲律宾共和国联合声明》发布，表示两国将携手努力，推动两国和平与发展的战略性合作关系健康稳定发展。2017年5月，杜特尔特出席“一带一路”合作高峰论坛。在杜特尔特执政期间，菲律宾年平均国民生产总值增长较快，在2017年4月发布了“大建特建”计划，规划在6年之内投资8.4万亿比索，促进菲律宾基础设施建设[1]。

现任总统费迪南德·罗慕尔德兹·马科斯（2022.6至今）是菲律宾独立以来的第十三

[1]根据中华人民共和国驻菲律宾共和国大使馆经济商务处相关资料整理。

任总统，是第六任总统马科斯的独子。小马科斯就职后一个月内三次对中菲关系表达了重视与期待，并表示会继承杜特尔特发展路线，促进产业结构完善与对外贸易发展。

5.4.1.2 经济发展情况

菲律宾是东盟各国中经济增长最快的经济体之一，这主要归功于近年来政府实施的基础设施建设计划，降低了失业率，采取了结构性改革措施，并促进第二、第三产业及进出口贸易的发展，推动了菲律宾经济的进一步增长，菲律宾的通货膨胀率猛增问题也有所改善（表5.10）。受到新冠疫情的影响，近年来菲律宾的通货膨胀率有所增加。在“一带一路”背景下，菲律宾与沿线各国进行了经济合作与交流，促进了菲律宾经济的进一步发展。菲律宾自1986年开始实行出口导向型经济政策，近十几年间，第三产业平均产值占GDP比重达到50%以上（图5.1），不仅每年为菲律宾国内提供一半左右的就业机会，也为菲律宾与世界其他国家的贸易、投资提供更多的机遇，这也与菲律宾政府大力推动第三产业发展并出台相关政策相关。

表 5.10 1998—2022 年菲律宾通货膨胀率变化

年份	1998	1999	2000	2001	2002	2003	2004	2005	2006
平均值/%	9.4	6.1	6.6	5.4	2.7	2.2	4.8	6.6	5.5
年份	2007	2008	2009	2010	2011	2012	2013	2014	2015
平均值/%	2.9	8.2	4.2	3.8	4.7	3.2	2.6	3.6	0.7
年份	2016	2017	2018	2019	2020	2021	2022		
平均值/%	1.3	2.9	5.2	2.4	2.4	3.9	5.8		

注：以2018年价位保持不变。
资料来源：根据菲律宾中央银行数据整理。

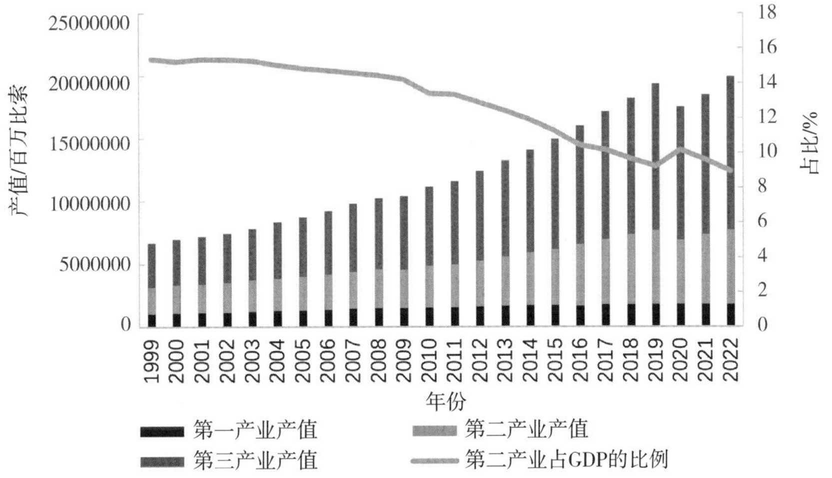

图5.1 1999—2022年菲律宾三大产业产值状况和第二产业占GDP比重趋势图
（数据为2018年不变价计算；资料来源：菲律宾统计局）

菲律宾第一产业主要由农业、渔业和林业构成，这些都是依赖其先天优越的自然条件，其中农业的生产发展对第一产业的影响最为突出。菲律宾国土面积主要由农业用地、林地构成。其中，农业用地可使用比例非常高，达到93%，其中粮食用地比例占28%。其他作物用地为57%。种植业主要以玉米、水稻、椰子、香蕉、甘蔗等农作物种类的种植为主，用于种植和生产的农作物或其加工产品。自2003年以来，菲律宾开始种植转基因玉米，现已成为全球第十二大转基因农产品种植国家，并于2011年解决玉米自给问题，开始向亚洲的其他国家出口。2022年，菲律宾的玉米产量达到820万吨。但是玉米产量的大幅度增加，也导致国内玉米供应过剩，价格下降。水稻是菲律宾最重要的粮食来源，但因其生产与天气紧密相连、种植面积下降等原因，大米供应至今不能完全满足国内需求。2022年9月，菲律宾进口大米超过290万吨。菲律宾政府为促进农业发展提供了各种形式的援助，向稻农发放了超过5.9亿比索的补贴，还为农民提供了价值3.2亿比索的燃料折扣[1]。

第二产业按照每年产值所占比重由大到小依次为制造业、建筑业、能源工业和采矿业。制造业是菲律宾的支柱工业，涉及农副产品加工、烟草、纺织服装鞋帽、石油加工及冶炼、化工产品、通用机械、交通运输设备、通信设备及其电子设备等制造领域，多以出口为主，出口比重超过世界平均水平。建筑业是随政府出台的五年经济发展计划即加强基础建设、保证人民生活质量以及住房改善的发展而发展的。

20世纪90年代，由于国际经济环境快速发展，菲律宾政治多变，使其经济年均增长率仅为2.9%。2001—2010年，菲律宾第十任总统，也是菲律宾历史上第二位女总统阿罗约加强与美国、日本和中国的外交关系，颁布一系列稳定社会、发展经济、增加就业、减少贫困的法案或措施，吸引外国投资，增加国民人均收入水平，最终使得菲律宾经济平均增长率达到4.8%，超过过去几十年的平均增长水平（图5.2）。2010年，总统选举带动国家的经济发展，增长率高达7.3%。阿基诺三世在职期间出台一些新政（表5.11），以稳定国内政治、社会秩序，解决就业、通货膨胀和贫困等经济问题。政府鼓励为中小企业贷款，放松外资银行对菲律宾本国银行持有股份比例的限制（由原来的60%股权持有增加到100%股权持有），签订80多个的公私合作的基础设施建设项目，出口商品优势保持。第十二任总统杜特尔特在任期间通过产业结构转型、完善基础设施建设、扩大对外贸易等措施促进菲律宾经济进一步发展，稳定国内治安，并解决就业等问题。2022年6月，现任总统小马科斯就职，延续杜特尔特对菲律宾经济的发展模式，近年来菲律宾人均GDP呈上升趋势。

菲律宾自20世纪70年代开始发展外向型经济，重视且鼓励出口加工业发展，带动了当时国家经济的快速发展。在总统费迪南德·马科斯执政20年间，特别是进入20世纪70年代以后，菲律宾经济增长创下纪录，达到历史最高点，平均6.5% 左右，高于当时其他发展中国家的平均发展水平，曾在1982年被世界银行选入“中等收入国家”之列，并带动亚洲

[1]根据中华人民共和国外交部相关资料整理。

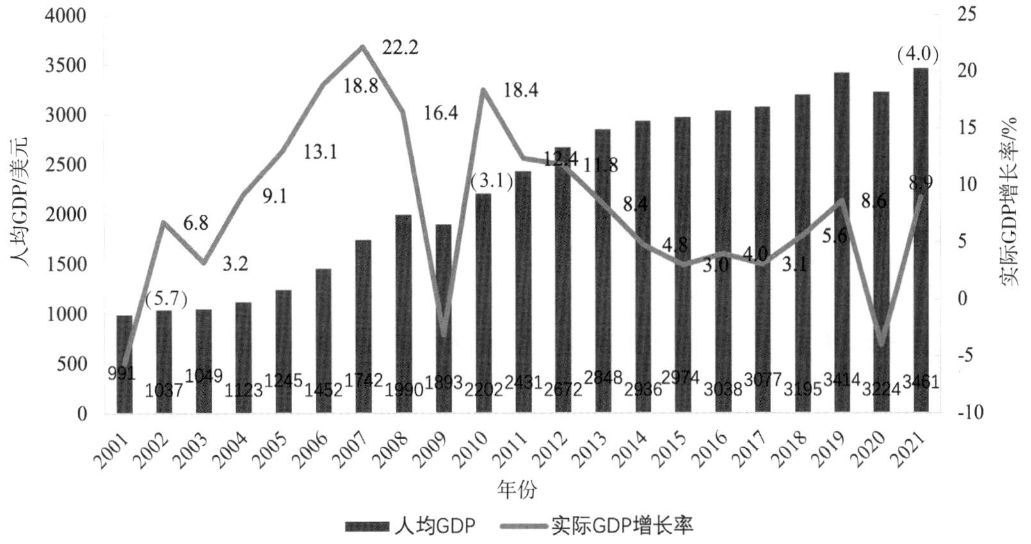

图5.2　2001—2021年菲律宾人均GDP与实际GDP增长变化趋势图
（资料来源：根据世界银行数据库整理）

表 5.11　阿基诺三世政府的主要经济政策

经济政策/举措	目标
建立“公私合作中心”（Public-Private Partnership Center），制定《2011—2016年菲律宾公私合作项目计划》	将BOT(Build-Operation-Transfer Center)中心改为公私合作中心（PPP Center），是政府发展经济的核心举措。避免了腐败事件，促进了私人参与菲律宾基础设施建设，减轻政府财政压力，推动了铁路、公路、机场、港口等基础设施建设市场化
制定《菲律宾2011—2016年六年发展计划》	“实现持续的、产生大规模就业和环节贫困的增长”为主要宗旨，菲律宾政府的各个经济部门为每一位菲律宾人提供就业机会，强调发展农业、渔业，加强基础设施建设，保障菲律宾公民公平获得健康、教育和住房的机会，建立康健的金融体系等。具体计划含：第一，为创造更多就业机会，促进生产部门的竞争力；第二，满足公共部门需求，改善融资渠道；第三，大规模增加公共基础设施的投资；第四，促进透明度并实行顺应民心的国家治理；第五，充分开发人力资源，完善的社会服务和保障体系
解决教育、卫生、营养和社会保障等方面问题	推出一系列速成方案，预计达到2015年联合国的千年目标（MDGs）中规定的指标
解决贫困问题	争取美国提供的4.34亿美元援助，继续实行由前任总统发起的为穷人提供有条件的现金支付（conditional cash transfer，CCTs）项目；在亚洲开发银行的资助下，扩大前任总统执政期间已开始的“4Ps”项目（Pantawid Pamilyang Pilipino Program），尤其是改善0～14岁儿童的健康、营养和教育状况，受益家庭数量由之前的80万户增加到230万户；承诺100亿比索的住房计划；土地改革，解放佃农
推行务实的经济外交政策	国家安全、经济外交方面，确保菲律宾海外劳工的权益和福利

资料来源：根据菲律宾投资署官网；亚洲开发银行官网整理。

经济的繁荣。菲律宾自古以来是一个农业大国，2013年从事农业相关的就业人数占比达到30%左右。但是在20世纪70年代末之前，菲律宾粮食无法自给。为发展经济，马科斯政府实行严格的军事管理，采取了一系列改革措施，优先发展粮食生产，实行“大米自给”计划，实现了粮食自给。自20世纪60年代以来，菲律宾为了工业的发展，采取一系列扶持工业尤其是出口工业的措施，大量吸引内外部投资和引进国外先进设备和技术人员，使得菲律宾在电子电器、汽车装配、石油冶炼、建材建筑等方面表现突出，其中电子产品工业行业在目前的对外贸易中仍是出口量最大的。在马科斯任职期间，建立了三大工业部门，即初级产品的进口替代部门、重工业和化学工业部门、农业综合企业生产部门，完善了整个工业体系。但是菲律宾最繁荣的时期同样走向落幕，最终总统在第三次选举舞弊后被迫下台，世界经济衰退影响了菲律宾国内出口产品的需求而造成价格暴跌，引起国内财政和收支状况不良，引发政治不稳定、经济发展停滞、通货膨胀率猛增等问题。

从马科斯政府被推翻后至亚洲金融危机之前，菲律宾经历了科拉松·阿基诺（1986.6—1992.6）和菲德尔·拉莫斯（1992.6—1998.6）两任总统的领导。二者都为扭转国内经济状况，实行一系列改革，先后实施扩大消费及出口、减少政府副干预、经济自由化战略、公共设施现代化等措施，并且都重视民族和解问题。但是20世纪90年代前后国内发生军事政变，再加上火山爆发、天气恶劣、国际海湾战争、东南亚经济危机等天灾人祸，使得正在进行经济结构调整的菲律宾出现了经济负增长，一些公司企业纷纷破产倒闭，失业人口增多，财政赤字增加，菲律宾经济开始衰退。1997年开始爆发亚洲金融危机的时间正是拉莫斯政府制定六年中期发展计划的最后三年，不仅印度尼西亚、马来西亚遭遇了泰国的货币危机的影响，而且菲律宾也是受害国之一，农业、工业、制造业和建筑业的供给市场迅速下降，出现负增长。菲律宾本币贬值、房地产市场泡沫呈现。但是，与其他几国相比，菲律宾受灾程度较轻，这与政府及时采取了恢复经济的措施密不可分。因此，菲律宾经济于1999年开始摆脱衰退阴影并稳健增长。其中，农业产值增速较快，比1998年上升6.5%；制造业及其平均生产能力利用率回升，出口增长率高于1998年，超过同期的马来西亚和泰国；国际储备总额达到150亿美元，达到历史最高，改变了国内生产总值在1998年负增长的局面，恢复到3.2%，国民生产总值恢复到3.6%。东南亚金融危机后期，菲律宾第九任总统埃斯特拉达（1998.6—2001.1）上台执政，采取了一些恢复菲律宾经济发展的措施，但对基础设施建设重视不够、财政赤字不断扩大、私人投资减少、商业银行呆账率过高、人口增长过快、就业压力增加、贫富分化严重、反政府武装势力加强等诸多因素大大阻碍了经济的正常发展。

2003—2014年，菲律宾经济发展迅猛，基本摆脱了20世纪90年代末东南亚经济危机的负面影响，人均GDP不断增长，升学和就业人数增加，海外劳工汇款一直是推动菲经济增长的最主要因素。全球化经济背景下，世界经济的发展促进菲律宾的矿业勘查活动、矿业公司结构、矿产品市场等全球化，可以弥补菲律宾因技术落后、资金匮乏所限制的矿业发展。菲律宾通过全球大型矿业企业签订FTAA投资开矿、多国公司联合投资等形式，增加其优势矿产品的出口额。但是当经济发展速度缓慢时，也会对矿业投资环境有负面影响。

2007—2009年，影响菲律宾矿业投资环境的经济发展水平波动较大，主要是因为美国次贷危机所引起的信用危机，造成西方国家基金市场和私募股权基金遭受严重损失，不仅导致美国的金融机构倒闭数量仅次于20世纪30年代的经济大萧条，而且使全球的投资者和金融机构损失也很大。西方信贷市场大规模压缩，也减少了对菲律宾的投资活动，使得一直以来主要依赖美国、日本等发达国家生存与发展的菲律宾经济损失严重。第一，经济发展缓慢。2008年和2009年实际GDP增长率分别为4.2%和1.1%，是1998年东南亚金融危机之后的最低值。菲律宾国内的金融市场波动较大，菲比索在2007年升值20%之后，于2008年10月与美元兑换率降至48.99：1，是自2007年1月以来的历史最低值，外国直接投资比2007年减少了50%，菲国内物价随国际粮油市场价格的上涨而上涨，通货膨胀率为9.3%，是2007年物价水平的3倍以上。第二，失业率激增。阿基诺三世政府所出台的一系列经济政策（表5.11）使菲律宾的失业率维持在7%左右（表5.12）。当然，菲律宾就业趋势和经济增长仍主要依赖海外劳工及其汇款。杜特尔特总统在任期间通过“大建特建”项目加强了菲律宾的基础设施建设，同时促进了税收改革并加大财政支出，完善了《外商投资法》，促进了菲律宾经济的发展，降低了菲律宾的失业率。菲律宾的失业率在2019年降低至5.1%，2020年、2021年受到新冠疫情等因素的影响，失业率有所上升，在一定程度上造成了劳动力过剩等问题，影响了社会安定[1]。

表 5.12 2008—2021 年菲律宾失业率情况

年份	2008	2009	2010	2011	2012	2013
失业率/%	7.4	7.5	7.4	7.0	7.0	7.1
劳动参与率[a]/%	63.7	64	64.1	64.6	64.2	63.9
年份	2014	2015	2016	2017	2018	2019
失业率/%	6.8	6.4	5.5	5.7	5.3	5.1
劳动参与率/%	64.4	64.6	63.4	61.2	60.9	61.3
年份	2020	2021				
失业率/%	10.3	7.8				
劳动参与率/%	59.5	63.3				

注：a经济活动人口与劳动年龄人口之比，是衡量人们参与经济活动状况的主要经济指标。
资料来源：按照菲律宾中央银行网站整理。

5.4.1.3 投资优惠政策

2022年，菲律宾外资的第一来源国是新加坡；2022年，第四季度的大部分金融机构批准的外国投资来自新加坡（64.2%），其次是日本（21.5%）以及英国（5.9%），新加坡为1114.7亿菲律宾比索，而日本和英国分别为374.1亿和102.2亿菲律宾比索[1]。

[1] 资料来源：根据菲律宾统计局相关数据整理。

（1）鼓励经济区投资

2022年第四季度批准的外国和菲律宾国民投资项目将产生37766个就业岗位。在这一时期的预计就业总数中，预计有外资参与的批准项目将产生23364个就业岗位。经济区通过建立透明公开的费用制度、工资水平制度和经济区的相关优惠政策吸引更多的投资者（表5.13）。

表 5.13　投资菲律宾经济区的优惠政策措施

优惠类别	具体内容
注册申请周期短	特向将在PEZA注册的电子相关行业开设96小时/4天注册周期
一站式服务	PEZA辖内的企业由PEZA签发房屋占用许可证、进出口许可证、处理特殊非移民签证程序、关税协调、简化环境报关程序、简化进出口程序，以及在PEZA辖区内企业的地方政府经营许可证可免税
企业所得税	企业可获4年所得税免缴期，最长可延长至8年，所得税免缴期结束后，可选择缴纳净收益的5%（3%上缴中央政府、2%上缴地方财政）纳税，以代替其他的国家和地方税收
免征进口税和其他税费	进口资本货物（设备）、散件、配件、原材料、种畜或繁殖用基因物质；同类物品若在菲国内采购，可享受税收信贷，即先按照规定缴纳各项税费，待产品出口后再返还税费
产品的一定比例可在菲国内销售	经批准，允许企业生产产品的30%在菲国内销售，但须根据国内税法纳税
免缴码头税和出口税	所有出口产品
给予永久居留身份	给予初始投资在15万美元以上的投资者及其配偶和未成年子女（21岁以下）在经济区内永久居留身份，可以自由出入经济区
允许聘用外籍雇员	为外国经理人员和技术人员办理2年的可延续工作签证，但外籍雇员数量应不能超过企业总雇员数量的5%
培训和管理相关费用抵扣优惠	企业用于员工培训费用的50%可以从上缴中央政府的3%税收中扣除
进口许可证	豁免在PEZA正式注册的企业向菲国税署登记为进口商。由PEZA认证的投资者有资格从海关直接获得进口许可证，无需通过国税署审查（2015年1月通过该政策）
另在经济欠发达地区，新企业因新成立或扩大投资，只要在BOI注册登记，就可以享受以上优惠待遇	自注册之日起，6年免缴所得税；企业批准运营后，基础设施建设100%免缴税；新增雇员100%免缴所得税；投资优先领域可拥有100%股权

资料来源：根据菲律宾经济区署官网整理。

（2）其他税率费用优惠

菲律宾个人所得税和企业所得税税率虽然与其邻国相比略高（表5.14），但若外国投资企业没有在经济区投资或申请以上优惠便与菲律宾国内企业同等对待，即缴纳相同税率的公司所得税、增值税、发票税、地方税和利润、红利汇出税等。

❶资料来源：菲律宾统计局。

表 5.14 东盟六国个人和企业所得税税率

国家	菲律宾	泰国	越南	印度尼西亚	马来西亚	新加坡
个人所得税	32%	35%	35%	30%	26%	20%
企业所得税	30%	20%	22%	25%	25%	17%

资料来源：东盟ASEAN官方网站。

不同特殊经济区提供不同的优惠政策。

1）进口固定设备、原材料、零部件、良种牲畜和基因材料等免除关税。

2）传统项目4年免所得税，先锋项目6年免所得税。

3）免所得税后的收入，仅需按5%的税率纳税，以此替代其他各项国家和地方税收。

4）扣除进口替代品课税。

5）免除码头费用、出口税和进口费。

6）减免国内固定设备、良种牲畜和基因材料的课税。

7）可征税收入中额外减去人工费用。

8）托运设备的非限制使用。

9）外国投资者和家庭的永久居留权。

10）雇用外国公民。

11）可不经菲律宾中央银行审批汇出收入。

12）免除地方营业税。

13）已交纳5%综合所得税，外企在菲律宾分支机构免纳利润汇回税[1]。

5.4.1.4 基础设施建设情况

生活和交通设施的好坏决定了投资矿业项目能否顺利进行和完成。主要的生活设施包括通电通信设施、用水设施、交通设施等，2007年以来，菲律宾加大了交通设施建设（表5.15）。机动车辆数据包括私人、出租和政府三个方面的轿车、公共汽车、多功能运载车、货车、拖车、摩托车等数据，总体数量上升，可以保证运载能力的持续提高。港口货运吞吐量自2009年开始，国际进出口量远远超过国内吞吐量，通过港口的商品进出口量增加趋势明显。机场数量保持稳定，2010年前仅按照资本结构划分两大类机场，即国家机场和私人机场，2010年后新增国际机场、主要机场和团体（共同体）机场，这为菲律宾提供了良好的交通运输基础。

5.4.1.5 海外劳工对菲律宾经济发展的影响

菲律宾海外就业市场巨大，但就业领域却以低端产业为主，美国是菲律宾劳工人口择业区域选择最多的国家。2021年，菲律宾海外劳工的现金汇款为314亿美元，同比增长

[1] 资料来源：菲律宾对外投资合作国别（地区）指南2021 http://www.mofcom.gov.cn/dl/gbdqzn/upload/feilvbin。

表 5.15　2007—2020 年菲律宾主要交通设施状况

项目		2007年	2008年	2009年	2010年	2011年	2012年
机动车辆/辆		5530052	5891272	6220433	6634855	7138942	7463393
港口货运吞吐量/吨	国内	74591279	71758150	72514651	69714085	73849537	75805477
	国际	82846442	69836647	77958635	96579523	104106100	117908829
项目		2013年	2014年	2015年	2016年	2017年	2018年
机动车辆/辆		7690038	8081224	9702265	10257076	11461820	12676667
港口货运吞吐量/吨	国内	77961028	79713233	89051207	94364460	101496604	105390180
	国际	124097679	135099387	134620863	149393069	152063912	155563292
项目		2019年	2020年				
机动车辆/辆		13852884	12784052				
港口货运吞吐量/吨	国内	104428353	93594167				
	国际	161988855	150395369				

资料来源：根据菲律宾统计局数据整理。

5.1%。随着经济的逐渐复苏，菲律宾的海外劳工汇款流入较为强劲，不同地区的海外劳工汇款都不断增长。在经济全球化、一体化、金融化的趋势下，经济发展水平影响着菲律宾矿业产业的发展，制约着矿业环境的完善。

菲律宾人员在海外就业优势突出的原因很多。从海外就业人员的角度分析，第一，菲律宾人因教育和生活以多种语言为背景，英语运用极为普遍，符合海外就业最基本要求，即语言表达流畅。菲律宾有数百年的殖民历史，且殖民国家先后来自欧洲、美洲和亚洲，菲律宾人早已形成接受国外文化并较易融入的习惯。第二，菲律宾在教育实践中重视技术教育，在大学开设并授予技术教育学位，比如在亚洲市场就业最多的"菲佣"（来自菲律宾的家政服务人员），很大一部分是接受过四年专业学习和培训且获得大学家庭经济本科学历或英语教学的本科毕业生；在欧美、中东就业率比较高的护士、护工，大多数也获得了护理专学学位。第三，菲律宾人的性格受宗教信仰影响很大。由于信仰天主教、基督教和伊斯兰教，很容易融入海外此类宗教信仰国家，因此，欧美、中东是其海外人员就业的首选国。从国家层面看，菲律宾政府建立了海外就业管理机构保障海外就业人员利益。菲律宾外交部和劳工部对海外就业相关事宜进行管理，与多国签订人权、福利等保障协议，以确保本国居民在海外享受安全平等的待遇，还分别建立海外劳工福利、就业和法律管理局促进海外劳工正常就业。

2021年4月至9月，海外菲律宾工人或在国外工作的菲律宾工人人数约为183万。同期，海外合同工或持有现有工作合同的工人占海外菲律宾工人总数的96.4%，即176万人。其他在国外没有工作签证或工作许可证的菲律宾工人，如游客、访问者、学生、医务人员和其他类型的非移民签证，于该时段内在其他国家就业或全职工作的人占3.6%。2020—2021年，海外菲律宾工人的数量增加了3.0%。2020年，海外菲律宾工人注册人数为177万人，其中171万人是海外劳工，按性别分类，女性占比达到60.2%；2021年的人数为110万，39.8%为男性海外菲律宾工人。在110万名女性海外菲律宾工人中，大多数人（64.8%）从事初级职业；其次是服务和销售人员，占17.1%。在2021年的72.6万名男性海外菲律宾工人中，大多数工人从事的职业为：工厂和机器操作员和装配工（31.2%）、服务和销售人员（15.5%）、技术人员和辅助专业人员（14.8%）、工艺和相关行业工人（13.8%）以及初级职业（10.7%）。在2021年的183万海外菲律宾工人中，约有24.4%在沙特阿拉伯工作；其次是在阿拉伯联合酋长国，占14.4%[1]。

菲律宾向将近200个国家（地区）输出劳工，每年递增的劳工数量，也给菲律宾带来了每年递增的巨额海外汇款，不仅支持了菲律宾的国内金融，而且也是其国内民间消费的主要来源。因此，这些海外劳工被菲律宾政府予以“当代英雄”称号，并设立每年的6月7日为海外劳工日。据菲律宾中央银行统计（表5.16），2022年海外劳工现金汇款总额达325亿美元，创历史新高，保证了菲律宾经济的正常运行和发展。从汇款来源角度分析，汇款最多的国家是美国，2022年达133多亿美元[2]。美国汇款比例最大的原因是在美国的永久居住者最多。另外在美国从事医生和护士等职业收入偏高，促进了来自美国汇款总额的增加。

表 5.16　1989—2022 年菲律宾海外劳工汇款情况　　单位：千美元

年份	海外汇款			主要汇款来源						
	陆上劳务	海上劳务	总额	亚洲	美洲	欧洲	大洋洲	中东	非洲	其他
1989	784096	217815	1001911	75401	478670	48355	24549	129374	33	245978
1999	5234747	786472	6021219	645566	4505232	457671	87336	263004	1898	60512
2000	5123773	926677	6050450	831770	4000022	534684	21360	594198	4450	63966
2001	4937922	1093349	6031271	1049551	3300327	406194	21188	711918	3600	538493
2002	5686973	1199183	6885156	1116336	3537768	889094	34793	1242809	3959	61397
2003	6280235	1298223	7578458	894310	4370705	1040562	44470	1166376	11371	50664
2004	7085441	1464930	8550371	918329	5023803	1286130	42600	1232069	3439	44001
2005	9019647	1669358	10689005	1172373	6605231	1433933	54573	1417491	4517	887
2006	10812018	1949290	12761308	1496120	7198212	2061067	85610	1909208	10272	819
2007	12213565	2236363	14449928	1543173	8244344	2351704	121417	2172417	16027	846
2008	13392301	3034553	16426854	1883996	9213372	2658726	149423	2502639	17746	952
2009	13947640	3400412	17348052	2078241	9307781	3061625	212983	2665031	22282	109
2010	14956881	3806108	18762989	2363156	9987628	3180474	236358	2964186	31187	0
2011	15776576	4340416	20116992	2568567	10656862	3348118	297378	3215819	30248	0
2012	16555991	4835342	21391333	2943660	11189529	3420515	339220	3466724	31685	0
2013	17768656	5215378	22984035	3329234	10902797	3953094	420002	4348706	30201	0
2014	18772356	5575722	24348078	3545271	11167883	3761139	510260	5334472	29054	0
2015	19814372	5792459	25606830	4575602	9378786	4150684	737304	6702463	61992	0

❶资料来源：根据菲律宾统计局数据整理。

❷资料来源：菲律宾中央银行。

续表

年份	海外汇款			主要汇款来源						
	陆上劳务	海上劳务	总额	亚洲	美洲	欧洲	大洋洲	中东	非洲	其他
2016	21327692	5572148	26899840	4913365	9732710	3801658	802631	7552569	96907	0
2017	22188962	5870827	28059789	5273268	10298024	3857187	706078	7810148	115084	0
2018	22803600	6139512	28943112	5924413	11296425	4153281	804027	6617315	147651	0
2019	23594054	6539246	30133300	6550763	12688784	3979375	787553	5972042	154784	0
2020	23549734	6353522	29903256	6730410	13377270	3549415	713554	5341430	191177	0
2021	24872612	6545002	31417614	7034448	14322758	3745409	740422	5377848	196729	0
2022	25823550	6715880	32539430	7243365	15020544	3725348	761462	5582438	206273	0

资料来源：菲律宾中央银行官网。

海外汇款成为菲律宾外汇收入中最大、最稳定的来源，其每年流入量仅次于FDI，汇款中有70%左右用于家人在国内的消费和偿还贷款，另30%用于购买家具、教育、购置房产、商业投资等。据菲律宾中央银行统计调查，海外汇款“不仅是消费的发动机，还是菲律宾投资的主要来源”，海外劳工亲属将汇款更多用于购买日常用品、投资小型企业，甚至不动产。因此，海外就业和汇款不仅提高了菲律宾的就业率，还对菲律宾经济发展、产业结构改善起到决定作用，并保证了经济产业部门发展的资金来源。

5.4.1.6　矿业对菲律宾经济发展的影响

2006年以来，采矿业通过向金融机构融资和外国直接投资不断扩大规模。2011年欧元地区受到债务危机的影响，美国经济也呈现疲软态势，菲律宾采矿业的外国直接投资呈现负值。2019年至今，受到新冠疫情的影响，采矿业的外国直接投资增加较少（图5.3）。能

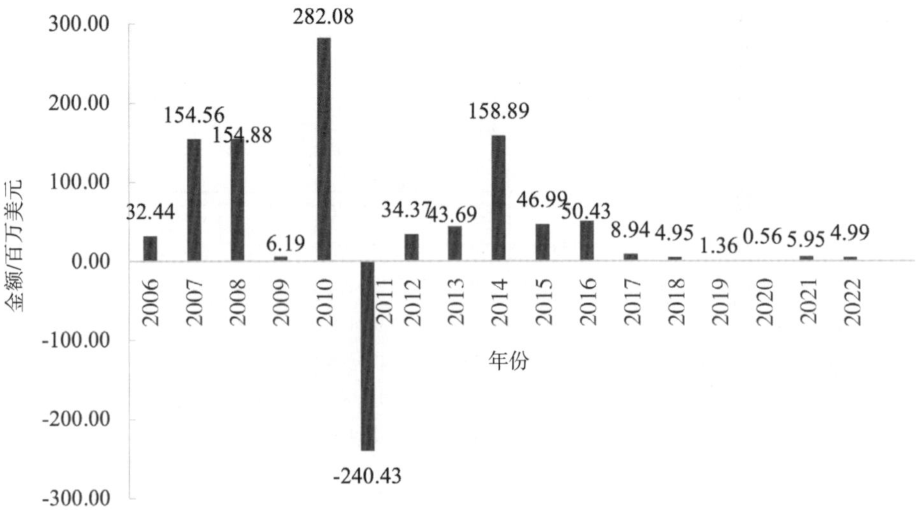

图5.3　菲律宾采矿业的外国直接投资变化图
（资料来源：菲律宾统计局）

源工业主要是对石油、煤炭等不可再生资源及地热能、水力、风能、太阳能、海洋能和生物质能等可再生资源的开发及利用。近些年，菲律宾政府出台了一系列促进不可再生资源开发和利用的法案，提出减少税率和相关费用等优惠措施，并设立国家专门管理机构对其进行管理。

菲律宾具有丰富的金属矿产资源，其中镍矿、金矿、铜矿产业占矿业比重较大。由于国内缺乏大型冶炼技术和工业，大多数矿产品由私人企业或国外企业开发并出口海外，日本、美国和中国均是菲律宾矿产品的主要出口国。菲律宾矿产品的开采及出口不仅受到资源储量和产量有限、国内矿产品需求加大的影响，更受到不同政党领导的政府的影响，因此执政党上台后会对国内采矿业的发展进行较大调整。如20世纪90年代中期，菲律宾政府出于地方政府、民间团体和宗教团体的压力，前后关闭了一些主要的金属矿山，使得金属矿产量大幅度下降，非金属矿产品在90年代后期产值超过金属矿产品，1999年矿业就业人数比1988年15.7万人的最高就业人数减少了7万左右，矿产品出口额仅占总出口额的2%左右。阿罗约政府重视矿业复兴，带动国家整体经济发展，在矿产资源的开发和出口方面投资大量财力和人力，矿业总产值、出口额、就业人数均快速增长。2000年以来采矿业产值呈现上升趋势（表5.17），在2022年达到152066.40百万比索，同比增长5.29%。

表 5.17　2000—2022 年菲律宾采矿业占工业产值和 GDP 比重变化情况

年份	采矿石业产值/百万比索	增长率/%	采矿业占工业比重 /%	采矿业占GDP比重/%
2000	56451.85	2.60	2.53	0.81
2001	54420.80	−3.60	2.40	0.76
2002	81125.02	49.07	3.46	1.09
2003	91679.01	13.01	3.72	1.17
2004	86932.73	−5.18	3.38	1.04
2005	99343.30	14.28	3.68	1.13
2006	95543.00	−3.83	3.41	1.03
2007	109046.02	14.13	3.71	1.11
2008	107284.08	−1.62	3.46	1.04
2009	122121.04	13.83	3.99	1.17
2010	133399.11	9.24	3.97	1.19
2011	133388.05	−0.01	3.91	1.15
2012	128010.57	−4.03	3.48	1.03
2013	130910.48	2.27	3.34	0.99
2014	149510.57	14.21	3.54	1.06
2015	148588.71	−0.62	3.31	0.99
2016	156806.54	5.53	3.23	0.98
2017	160065.49	2.08	3.08	0.93
2018	163322.49	2.03	2.93	0.89
2019	168857.02	3.39	2.87	0.87

续表

年份	采矿石业产值/百万比索	增长率/%	采矿业占工业比重 /%	采矿业占GDP比重/%
2020	137493.03	−18.57	2.69	0.78
2021	144431.04	5.05	2.60	0.78
2022	152066.40	5.29	2.57	0.76

注：以2018年不变价计算。
资料来源：菲律宾统计局。

采矿业目前虽然对菲律宾的经济整体水平贡献较低（图5.4），但是其丰富的资源矿藏和有效的出口政策，使矿业的开采对经济各个部门都具有一定的影响。有色金属采矿业一直是国家出口增加的主要来源之一。菲律宾的金属矿藏主要包括金、铜以及镍等，菲律宾各金属矿藏的单位面积储量在全世界范围内名列前茅。其中，铜矿的资源量最大，约为85亿吨，其中已探明的铜储量为18亿吨。金矿的资源量已经达到62亿吨，已探明储量约为12亿吨；镍矿的资源量已超过了25亿吨，已探明储量约为6亿吨。除此之外，铁矿、锌矿与锰矿等在菲律宾也存在一定的分布[1]。

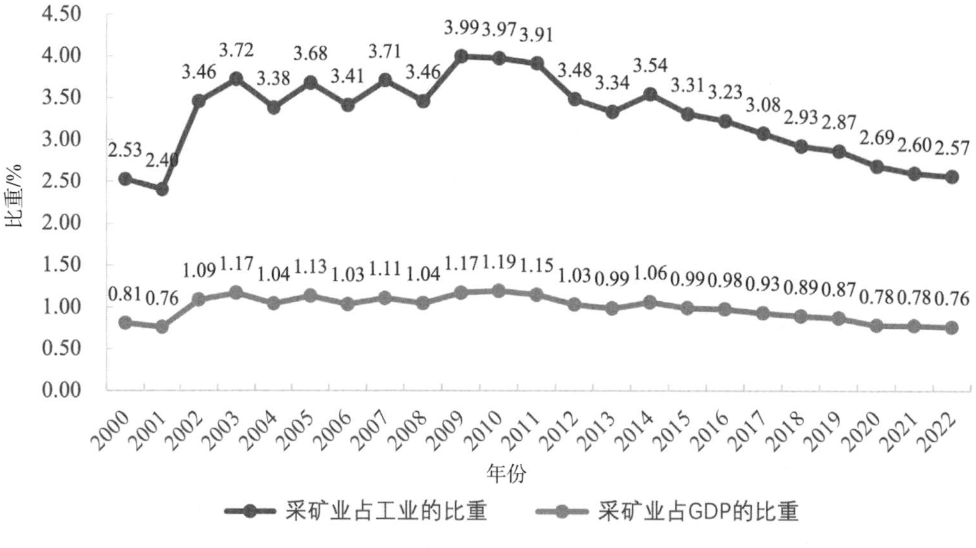

图5.4　2000—2022年菲律宾采矿业占工业和GDP比重趋势图
（资料来源：菲律宾统计局）

目前，矿业产业还未达到平稳状态，矿产品资源勘探开发潜力很大，继续开展矿产品的开发和出口，也是吸引外国投资的主要渠道之一，只有这样才可以有效扩大基础建设、改善当地人民生活质量并解决就业问题。

[1] DENR-Mines and Geosciences Bureau.

5.4.2 金融发展状况

经济的发展状况通常由两大部门体现，一个是实体经济部门，另一个是金融机构。后者对产业组织和结构的影响是通过不同经济主体间的资本转移实现的，即缺少金融机构的投资容量和导向效应等，实体经济是无法顺利发展的。因此，经济金融化对不同产业的发展具有一定的意义。金融机构对不同产业具有一定的识别能力，支持投资收益较高、市场竞争力较强的产业并促进其快速发展，但对于投资收益较低、市场竞争力不强的产业则置之不理。矿产资源是菲律宾的优势资源禀赋，投资矿业发展，带动国内生产总值提高是菲政府的政策导向。金融部门投入资本增量越大，矿业部门和相关部门可获得的投资收益越高，资本回收越快，进行生产扩张规模越大，这样可以形成一个快速良性循环。同时，资本的鼓励与导向带动矿业水平的提高，吸引海外的经验和先进的技术，增强矿业部门的市场竞争力和国际地位。

5.4.2.1 货币政策与财政

菲律宾中央银行（The Bangko Sentral ng Pilipinas，BSP）建立于1993年，是根据国家宪法和《新中央银行法》（1993）的规定成立的，取代了于1949年1月3日成立的旧中央银行，并行使了国家银行的职能，即货币当局的职能。菲律宾中央银行的主要目标是促进并保持币值稳定、平衡经济增长的可持续性，并制定和实施货币政策，对金融机构进行有效的监管。如同其他国家的中央银行，菲律宾中央银行的主要职责是在维持币值稳定的基础上进行流动性管理、垄断发行货币、执行最后贷款人角色、监管银行与非银行金融机构、管理外汇储备以及确定汇率政策等。菲律宾中央组织结构由货币委员会、管理部及其下所属的具体功能部门，即货币稳定部门、监管与检查部、资源管理部、证券安全部等构成。

菲律宾货币政策由菲律宾中央银行（BSP）内部的咨询委员会讨论研究，最终由货币委员会决定。主要通过采取公开市场操作、定期存款、存款准备金等政策改变货币供应量，调节金融体系货币的流动性。目前菲律宾采取浮动的汇率制度，若汇率出现剧烈波动，菲律宾中央银行会采取干预措施。

截至2022年12月，菲律宾外汇储备约达1208亿美元，近几年总体支付能力较好（表5.18）。

表 5.18　2000—2022 年菲律宾外汇储备变化趋势　　单位：亿美元

年份	2000	2001	2002	2003	2004	2005	2006	2007
数额	130	135	133	137	131	158	199	301
年份	2008	2009	2010	2011	2012	2013	2014	2015
数额	330	375	540	657	717	735	757	724
年份	2016	2017	2018	2019	2020	2021	2022	
数额	719	716	694	781	965	947	1208	

资料来源：根据菲律宾中央银行、国际货币基金组织数据整理。

5.4.2.2 金融体系概况

一个国家金融机构的数量和金融机构的结构设置能够反映当地企业、个人融资渠道的开放程度。菲律宾的金融体系由银行主导，尤其是商业银行。银行主要由全能商业银行、商业银行、储蓄银行和农村合作银行构成，非银行金融机构主要由当铺、非股票储蓄与贷款协会组成。截至2022年6月底，菲律宾共有金融机构36414家（表5.19），其中银行类金融机构13190家，比2021年12月增加36家，全能银行和政府银行均有增加，而有准银行功能的非银行机构减少。截至2022年6月，银行业的总资产约为213470亿菲律宾比索，银行贷款总额约为117159亿菲律宾比索，同比增长8.7%。新增贷款主要来自制造业、房地产业、信息通信业、批发零售业和建筑业，同比分别增长16.5%、8.5%、29.6%、7.3%和14.9%。这些部门贷款合计占银行贷款总额的48.7%。

表 5.19 菲律宾金融机构数量

机构		2021年6月	2021年12月	2022年6月
银行		13126	13154	13190
a.全能和商业银行		7041	7038	7181
a）全能银行		6463	6456	6598
私人国内银行		5825	5803	5755
政府银行		628	643	833
外资银行分支机构		10	10	10
b）商业银行		578	582	583
私人国内银行		458	462	463
外资银行子公司		98	98	98
外资银行分支机构		22	22	22
b.储蓄银行		2770	2738	2575
c.农村合作银行		3315	3378	3430
非银行	a.有准银行功能	132	127	19
	b.没有准银行功能	23137	23189	23205
	投资公司（信托公司）	5	5	5
	非股票储蓄与存货协会	200	198	199
	典当	15228	15388	15632
	其他	7704	7598	7369

资料来源：根据菲律宾中央银行数据整理。

菲律宾有价证券市场主要有股票市场和债券市场。2020年6月底菲律宾股市市值大幅下降，较2019年同比下降了22.9%，降幅在统计范围之内的亚太地区22所证交所中排名倒数第三。在监管方面，2020年菲律宾中央银行开始制定数字化银行监管体系框架，提升金融安全与服务质量。[1]

[1]资料来源：根据世界证券交易所联合会数据整理。

5.4.3 经济区划

自20世纪70年代开始菲律宾计划尽力发展经济特区，随着出口导向型经济政策的制定，菲律宾首先建立了出口加工区，但是由于政局不稳定、经济环境变化、国家安全风险等问题，前几十年菲律宾经济区发展速度缓慢。1995年出台了《菲律宾经济特区法》，特指出经济区重视"发展或有潜能发展成为农业、工业、商业、银行、投资、金融、旅游休闲中心的地区"，包括：工业园区、出口加工区、自由贸易区和农业经济区等，以通过采取优惠政策，吸引私人和生产型外国投资；同时鼓励优先使用菲律宾本土劳动力、原材料及产品。这样可以有效扩大本地菲律宾居民的就业机会，改善生活质量。菲律宾经济区主要有隶属于菲律宾贸工部的菲律宾经济区署（以下简称PEZA）和由私人部门创立的三个经济区组成，截至2021年11月共有22个农工业经济区、297个信息科技园/中心、76个加工经济区、3个医疗旅游区和17个旅游经济区。❶其中PEZA包括旅游、采矿、住房、农业经济、物流、造船等96类经济区，415个经济区，入驻企业3000余个，每个经济区实行独立关税管理经营模式，但是仅有4个经济区由PEZA直接经营，其他92个均为私营部门经营❷。私人部门创立的三个经济区分别是费德克工业区、苏比克自由港和克拉克经济特区、卡加延经济区以及三宝颜经济区。其中费德克工业区和三宝颜经济区的典型行业是矿业或采矿业。菲律宾的经济区主要有类别和投资优惠政策（表5.20）。

表 5.20 菲律宾经济区类别

经济区	内容
工业园区	按照综合计划进行规划和开发的特定区域，园区提供基础设施，预先建成的标准厂房和公共设施
出口加工区	位于海关管辖领域以外的特别工业园区，以生产出口产品为主，在该区域的企业进口资本设备和原材料均免税，且不受其他进口限制
自由贸易区	邻近进口港/航空港的独立区域，进口货物在这里卸货后直接进行转运、贮存、重新包装、分类、混合或其他处理。若这些进口的货物从自由贸易区转向非自由贸易区，则必须按照菲律宾海关和国内相关税收规定进行处理
农业经济区	按照综合计划进行相关规划和开发，园区应选择农业或自然资源丰富的地区，同时为投资者提供有利于农业出口和产品加工的基础设施

资料来源：根据菲律宾经济区署官网整理。

此外，还有其他类型的经济区，如信息科技园（中心）、医学旅游经济区、农业产业经济区、公用事业企业经济区、物流服务经济区等。

5.5 菲律宾对外经济关系

在投资实践中，政治因素也是投资者主要考虑的因素之一，政治导向也影响着国家

❶资料来源：根据菲律宾经济区署官网整理。

❷私人/私营部门经营是指所用园区的土地所有权归私人所有，园区内的基础设施由私人经营着投资建设，面向国内外投资者开放，并享受政府经营的经济区的同等优惠待遇。

与国家之间的关系。2022年5月菲律宾举行新一届总统大选，在此期间，菲律宾发生了多起与选举相关的政治暴力事件，这严重影响了菲律宾的政治走向。目前，费迪南德·罗穆亚尔德斯·马科斯（以下简称小马科斯）就任菲律宾总统，由于分化和对立的党派、新冠疫情造成的人口经济损失等，小马科斯政府面临着巨大考验。当前国际形势不断变化，地缘政治不确定性增加，小马科斯政府应重视菲律宾中央政府和地方政府的党派变革，避免政治风险，在复杂多变的政治格局中继续保持外交、保护国家安全。中国对菲律宾主要金属矿产资源的投资环境变化也与美国、日本、菲律宾三国的对外关系密切联系。另外，菲律宾作为东盟、亚太经济合作组织等区域经济组织的主要构成国之一，对中国和其他发达经济体都有举足轻重的作用。这些区域经济组织的建立的最根本原因是经济一体化所造成的生产力发展迅猛，国家难以满足自身发展需求，需要在区域或全球范围内进行原料、技术的分工合作。而世界经济不均衡和复杂的政治环境便推动了含菲律宾在内的一些区域经济合作组织的产生，这必将满足发达程度在不同阶段的美国和日本的需求。因此，菲律宾所在的经济贸易合作组织可以满足以下几个方面：第一，由于发达国家之间经济发展不平衡，为了维持自己的垄断地位，可以进行新的合作发展目标或新的国际发展市场；第二，发达国家可以获得亚太地区的发展中国家优势互补之后所产生的资源价值；第三，经济合作组织可为投资国提供一些优惠条件以扩大自己的投资来源。

5.5.1 菲律宾与美国、日本经济关系

历史上，菲律宾曾先后是西班牙、美国、日本的殖民地，在现代经济贸易关系中也与后两者保持着密切和特殊的关系。

美国是在各个方面对菲律宾影响最大的宗主国。由于美国占领菲律宾所处时期特殊，此时菲律宾资产阶级形成，社会矛盾突出，反西班牙殖民统治情绪高涨，美国的出现如同一颗稻草救助了当时处在长期准备反抗的菲律宾人民。但最终美国也是通过武力在菲律宾进行殖民统治。美国制定了一套体系完整的统治政策，其中贸易政策是最重要的一方面，通过建立自由贸易政策，渐渐垄断菲律宾市场。美国在殖民统治时期，不断向土地、政府公债、经济部门、运输业、公共事业及少量的原料和出口作物加工工业进行投资，改变土地登记法，规定个人可获得土地数量，使得大多数土地归为地主所有，实际上最终农民获得土地程序繁琐，费用和难度较高，最后大部分土地的归属权归为地主和美国公司所有。同时，美国在统治制度基本确立之后，采取教育同化手段，由美国人出任教育部长一职，大量输入英语教师，推广普及英语教学及应用，使英语成为官方用语，并且频繁用于社交和商业贸易往来中。最终，美国在30多年的统治中，使菲律宾成为自己的原料产地和工业加工制品的输入地，美国从菲律宾的进口比重从统治初期的7%上升至统治末期的74%，这完全是建立在不平等的关税政策和廉价劳工的基础上。殖民时期，美国也掌握着菲律宾的经济命脉，在所营业的15家银行中，有13家银行归美国控制，占菲律宾国内银行资产的

99%。美国大力投资开办工厂，使菲律宾本土的民族工业畸形发展或停止发展。因此，菲律宾在美国殖民统治时期对美国的依赖愈加严重，尤其是经济方面，商品的主要输入国就是美国。但美国在1920—1922年经历了经济危机，1929—1933年经历了经济大萧条，在这些情况下，菲律宾国内大量工厂停产倒闭，工人失业，经济发展停滞。菲律宾是一个农业大国，对美国的依附性还表现在农业上的严重依附。菲律宾的国民收入中农业收入占比最大，达50%以上，这样的依附性使殖民统治下菲律宾人民对贫困更加极端化。

菲律宾虽然宣布自治，但是仍与美国签订了两个不平等条约，即《美菲关系总条约》和《美菲关于菲律宾独立后过渡时期中的贸易和有关事项的协定》。前者强调当菲律宾没有代表出席任何国际场合时，美国有权代表菲律宾出席；后者提出菲美两国将执行《菲律宾贸易法案》。名义上，菲律宾具有独立领导地位，但实际上仍旧受美国左右。美国对菲律宾的政治控制均以美方的“自由贸易制度”的建立为基础。《菲律宾贸易法案》规定菲律宾后8年间对美国输出商品享有免税待遇，但有上限要求，而自美国进口均不缴税、没有上限要求。美国通过贸易输出不平等限制和设定两国固定汇率对菲律宾的经济自主权进行控制。在军事方面，美国在菲律宾拥有大量的驻军和军事基地，因民族主义组织强烈反抗，1992年以来美国不得不停止部分美军基地的续租协议，菲律宾的国防开支来源也随之减少一半以上。冷战以后，菲美两国联合军事演习随着《菲美访问部队协议》的签订而日益增加，菲律宾多次参与两国或含美国在内的多边联合军事演习。2001年“9·11事件”的发生成为改善两国军事关系的导火索，菲律宾政府也是公开表态支持美国反对恐怖主义的第一个亚洲国家。美国借帮助菲律宾政府打击武装军队，再次获得在菲律宾使用港口、机场及调遣医护人员的权利。从2001年开始，菲律宾积极从美国购置数台二手战舰，并不定期举行联合军事演习。2010年，奥巴马政府提出“重返亚太”战略，将菲律宾作为练兵基地，通过频繁的军演、培训等，扩大在菲的军事力量。同时，《东南亚蓝皮书2013—2014》中提出菲律宾阿基诺三世为保卫领海能力，制定“军事现代化计划”，并拨款750亿比索（约合18亿美元）。2014 年4月，美国总统奥巴马与菲律宾政府签署《加强防务合作协议》，协议期限为10年。《加强防务合作协议》中明确规定美方可以使用菲方的部分军事基地与设施，这一规定加强了美方在菲方的军事存在。2016年，菲律宾向美军开放了五处军事基地，不断加强军事合作关系。由于美方十分看重菲律宾紧邻南海和巴士海峡的重要地理位置，在2022年小马科斯上台后，美政府高官频频访问，不断拉拢马科斯政府。2023年2月，美菲两方进一步扩大防务合作，菲律宾继续为美方开放四处军事基地。

日本是菲律宾最大的援助国、第二大投资来源地和主要贸易伙伴。虽然菲律宾因日本的三年侵占索要巨额赔偿遭拒绝而影响了两国关系，但是自两国建交和日本增加对东南亚国家的投资和援助后，菲日政治关系发展迅猛。日本通过双边官方发展援助和国际金融机构、联合国等不同机构对菲律宾进行援助。2016年，日菲两国加强军事合作关系，日本援助菲律宾10艘巡逻艇，增强菲律宾的领海控制能力。2021年，日本首次通过官方发展援助的方式向菲律宾提供军队自卫队的装备。仅2021年一年日本对菲律宾的官方发展援助合计为7.12亿美元，其中优惠贷款约占90.68%，其余为赠款和技术合作，这些资金主要用于发展菲律宾的公用事业、交通、通信、农业和渔业、教育和公共卫生、采矿和电力等主要行业。

另外，菲日关系的密切往来也表现在其他方面。日本一直是菲律宾旅游游客的重要来源国，据菲律宾旅游部统计，2021年上半年间有6465人次来菲律宾旅游。两国文化交流不断，定期开展文化活动，尤其为两国青年间的交流提供学习机会和平台。菲日重视双边签证、移民政策、福利及保护侨民等相关问题，菲律宾人移民或定居日本数量增加，据菲律宾外交局统计，截至2021年12月，在日本的菲律宾人已达到27.7万人，日本是菲律宾人定居海外排名第六的国家。同时，日本侨民在菲律宾定居人数也有近两万人。

因此，美国、日本是菲律宾在亚太经合组织对外贸易最大合作伙伴国，在金属贸易方面，2021年以前，日本是自菲律宾进口金属及金属制品的第一大国，历史原因和政治导向促进两国在菲律宾开设矿业企业投资数量加大，成为菲律宾有色金属资源的进口大国。中国一直位居第二，2021年，中国从菲律宾进口有色金属19.6万吨。

5.5.2 菲律宾与中国经济关系

中菲两国建交于1975年6月9日，迄今为止近50年，总体发展顺利。两国在文化交流、劳务承包、经济技术合作、贸易往来、军事合作等方面紧密联系。目前，中国共有34个省份和城市与菲律宾构成友好城市。

中菲贸易往来是中菲关系紧密联系的最佳体现。中国仅用了不到15年的时间从无关紧要的贸易伙伴，变成了菲律宾第六大贸易伙伴。自此之后，除了1977年，中国一直维持着贸易顺差。截至2021年12月，中国已经成为菲律宾第一大贸易伙伴国，也是历史上中菲贸易额的又一新高，约合381.7亿美元，占当年菲律宾总贸易额的19.89%。中国自菲律宾累计进口总额约115.22亿美元，占菲律宾出口额的15.45%。其中，电子产品仍是第一大进口产品，进口额达39.64亿美元，占菲律宾对中国出口总额的34.4%；其次是铜及其制品，进口总额达14.64亿美元，占对中国出口总额的12.71%。同期，中国对菲律宾出口的前两位是电子和核反应堆机械设备，分别达97.25亿美元和49.44亿美元，各占自中国进口总额的19.1%和9.6%。中国在菲律宾投资主要涉及矿业、制造业和电力等领域。

中菲经济合作多集中于农业、渔业、工业等方面，具有优势互补的特点。菲律宾可耕地占全国土地面积的一半左右，但是有限的政府资金投入，使菲律宾农业仍处于较低水平，无法满足自给自足。另外，菲律宾主要由岛屿构成，渔业资源相当丰富，但是缺失先进的技术、相关设备、淡水鱼塘，因此，在农业技术和装备、渔业养殖等方面两国往来频繁，达到优势互补。中国的工业发展为国家实力的提高贡献最大。菲律宾现阶段主要发展轻工业，工业生产能力还有欠缺，因此两国在制造业和矿业等工业方面合作最多。近年来，中国自菲律宾进口最多的为电子产品，占中国每年自菲律宾进口总额的50%左右。菲律宾的金属矿产资源丰富，中国一半左右的镍矿砂及其精矿来自菲律宾。但是，菲律宾需要先进的采矿业开采技术、冶炼工艺，中菲合作开发矿产资源不仅解决中国相关资源匮乏的问题，扩大中国机电设备和技术的国外市场，同时还为两国经济发展提供有力支持。菲律宾的基础设施也处于落后状况，而中国近年的高速公路、高速铁路、房地产快速建设的技术，正是菲律宾急于改变现状、寻求合作的主要目的，菲律宾政府也鼓励中国在公路、港口、铁路等现代基础设施建设方面的投资。

50年来，中菲不仅保持高层互访，而且签署了一系列重要文件，巩固两国关系的顺利发展。但是据中国南海研究院主办的“中菲关系和南海问题”圆桌会表示，仁爱礁类似的问题影响着中菲关系发展，中菲之间的合作较难进行。如果中菲可以在仁爱礁上达成共识，在南海仲裁案上达成共识，那么共同环境保护和开发将不再是问题。菲律宾政府对南海问题的态度变化首先受菲律宾军方利益集团压力。据澎湃新闻报道，2023年8月，日本、美国、澳大利亚与菲律宾四国在菲律宾北部近海海域实施联合训练，但内容仅为海上补给、集体合影和船员相互敬礼等。其次，菲律宾的能源资源被大型国内能源集团垄断，有限的石油储备和不断上升的石油价格给菲律宾能源部带来很大压力，因此，开拓海洋石油开采成为菲律宾政府的目标。最后，一些西方国家对中国几十年的快速增长感到恐慌，出现一些“中国威胁论”，认为南海是中国扩张战略之一，这种观点可能会影响菲律宾对南海问题的态度和行为。

中菲经贸合作发展较快。建交时，两国政府签订了贸易协定，每年议定两国间进出口主要商品，随着1993年总统下令取消对中国贸易歧视性措施，中菲贸易走上了正常发展轨道。中菲双边贸易从建交初期的1.09亿美元增长到2021年的381.7亿美元。中菲整体贸易结构近几年发生改变，工业产品渐渐取代资源产品的出口地位，菲律宾向中国出口和自中国进口的总额分别约为115.22亿美元和573.14亿美元，向中国出口最多的产品是电子产品和铜及其制品，分别占出口中国总额的34.4%和12.71%，而中国对菲出口产品中消费类工业品和食品所占比重加大。

2001—2022年，中国自菲律宾进口总额的排位均在25位以上，菲律宾一直是中国主要的原料进口国。据菲律宾中央银行统计，截至2021年底，中国、日本、美国依次是菲律宾的前三大贸易伙伴，贸易总额分别达381.7亿美元、217.8亿美元和195.3亿美元，各占菲律宾进出口贸易总额的19.89%、11.35%和10.18%。

5.6 社会文化环境

社会文化环境包括国家公民教育状况、宗教信仰、消费习惯等。社会文化环境越好，则对投资环境的评价越高。公民受教育比例、公立私立学校建校的数量、科研文化交流水平等均体现了公民的教育状况，决定着来自不同社会阶层、区域和家庭的价值观水平。宗教信仰的不同有时会带来负面的影响，菲律宾在几百年前就开始形成一个具有多民族、多宗教信仰的文化背景的国度，在以天主教为主的国家中，人民能够相对较和谐地生存是多年来多元化整合的结果。但是当资源民族化问题出现的时候，当地人民、种族部落、非政府组织团体、地方政府等会因保护家园、保护环境、为后代造福等阻止矿业投资活动的进行，驱赶矿业投资公司，使矿业公司不得不停止生产，投资损失巨大，对矿业投资环境的评价不利。

5.6.1 菲律宾文化及其信仰

菲律宾是一个民族多元化的国家，大约有90多个民族，第一大民族是比萨杨（Visayang）人，占全国总人口的50%左右；第二大民族是他加禄人（Tagalogs），占全国总人口的20%左右，同比萨杨人一样，早期受印度文化影响，之后受西班牙和美国文化影响偏大，该族的语言他加禄语（Tagalog）之所以被指定为菲律宾国语与其比较发达的经济、文化有关；第三大民族是伊洛克人（Ilocanos），人口占全国的12%左右，由于该族是马来人的后裔，早期受中国文化影响较大；第四大民族比科尔人（Bicolanos），人口占全国的10%左右，与他加禄民族关系密切；还有其他少数民族和外国后裔等，包括华人、西班牙人、印度人、美国人等，华人只占总人口的2%左右，多来自中国福建、广东等南部省份。

菲律宾地处东南亚，具有东南亚文化的所有特点。首先，东南亚的文化多样。东南亚的原始人是澳大利亚人种，主要聚居在印度尼西亚、新几内亚和澳大利亚范围内。公元前1千年，中国南部民族开始迁移到东南亚，与当地原住民结合。随着航海技术的发展和欧洲人发现亚洲大陆，世界上其他国家的人口也开始迁入东南亚，共同创造了东南亚的多样文化，并且促进其繁荣发展。东南亚文化最受影响的两大文明古国中国和印度，使得东南亚成为儒教、佛教、道教、伊斯兰教、基督教交融的文化中心。菲律宾南部是以伊斯兰教为主，菲律宾的北部和中部是以基督教为主。目前，菲律宾是一个天主教国家，尤其在菲律宾中北部地区，主要由于其先后历经西班牙和美国两个西方国家的殖民统治。西班牙入侵后开始采取各种传教手段肆意传教，将菲律宾中北部地区划入天主教圈。但是西班牙登陆到菲律宾南部较晚，再加上15世纪末期伊斯兰教就已经在菲律宾南部存在，尤其是棉兰老岛。美国在接管菲律宾之后实施了一系列政策，其中包括对土地和移民的管理。美国延续了西班牙的一些政策，并通过土地分配政策，向菲律宾无地者分配土地。同时，美国政府鼓励北部地区的天主教徒向南部迁移。这些迁徙引发了北部和南部地区之间的文化和宗教差异的进一步深化，使菲律宾长期以来受到两种不同社会文化的影响。1957年颁布的“整合政策”在执行过程中可能存在不公平，加剧了地区间的紧张关系。而菲律宾北部和南部地区的冲突不仅涉及宗教差异，还涉及政治、经济和土地等多方面的因素。

菲律宾80%以上的国民信仰天主教，现成为亚洲最大的、唯一的一个天主教国家，这是西方国家殖民主义的结果。天主教的传播对国家文化、生活、民族意识、价值观等影响较大，政府、军队、医院、学校、广播电视等公共场所都会定期举行宗教仪式，造就菲律宾人民虔诚、善良、勤劳的品格，成为菲律宾民族灵魂和民族性格的精神源泉。至19世纪中叶，天主教已经成为全民性宗教。教会的公开表态会在菲律宾社会引起强烈反响，影响政权的执政情况（高伟浓，汪鲸，2009）。

菲律宾的伊斯兰教徒仅占全国人口的5%左右，大约300多万人，多分布在菲律宾南部棉兰老岛。在菲律宾，伊斯兰教的传播和发展比天主教更早。后来伊斯兰教势力受到打压并逐渐退至南部的部分岛屿上。据中华人民共和国外交部网站2017年报道，摩洛伊斯兰解放阵线（简称摩伊解）是菲最大的穆斯林反政府组织，主要活跃在棉兰佬岛。主张建立独立的伊斯兰国家，坚持武装斗争。摩伊解与政府虽多次签署停火协议，但均未能得到有效执行。2012年10月，菲政府同摩伊解达成和平框架协议，2014年3月正式签署。但是菲律宾政府为减少民族冲突，采取“政教分离”原则，实行“宗教自由、宗教平等”，对菲律宾现代政治发展具有重大意义。

由于历史和地域原因，东南亚文化在价值观念、宗教信仰、思维方式等方面的传承相通，菲律宾是东南亚文化交叉展现的国家，一些政治或文化矛盾也源于这复杂的背景。

5.6.2 教育体系

菲律宾教育体系的设立、入校接受教育的人数及教育质量的高低直接决定其劳动力的能力大小。由于菲律宾在16世纪先后成为西班牙、美国和日本的殖民地，尤其受西班牙和美国殖民时间较长，因此，教育文化与理念深受西方文化影响。菲律宾在16世纪以前处于封闭状态下与世隔绝的教育时期，部落教育十分流行，由家长充当教师对孩子进行职业教育培训，另外，当时采取baybayin拜拜因的书写体系，使菲律宾识字率高于很多其他发达国家。

1565—1898年西班牙统治时期，主要由教会开办学校，在三百多年的统治时期内共建小学2000余所，著名的圣托马斯大学就是天主教会于1611年建立的私立高等教育机构。自此，菲律宾的大多数大学机构为私立大学。

西班牙殖民时期，中等和高等学校大多接受西菲混血儿和当地贵族子弟，菲律宾人由于受到种族歧视和民族压迫政策的影响，不能接受中高等教育。

美国殖民时期，大力建设公立高等教育机构，不仅设立公共教育局、鼓励私人办学、颁布教育法令，还制定了发展公立教育的规划，使更多的当地人接受教育甚至高等教育，以达到通过菲律宾人控制国家的目的。开放的教学理念，使得菲律宾人在政治、历史、文化等各方面与美国相似。这一时期，英语也成为菲律宾的官方语言，在教育、贸易、生活各个领域中使用广泛。由于英语的普及，菲律宾受西方模式的熏陶和影响进一步加深，为培养成为美国的原料供应地、投资市场和商品市场奠定基础。美国渐渐引入先进的农业机械和技术、发达的交通设施、便利的通信网络、现代工业和制造业技术以及美国化的教育体制和理念。同时，菲律宾劳工出国就业潮流也自此开始涌现，美国的教育制度深入文化和经济的各个方面并带来了质的飞跃。

目前，菲律宾现代教育体系为K–12体系，即学前、基础教育、初级中学和高级中学教学四个阶段，一般5岁开始进入学前教育；6 ~ 12岁为基础教育，一至六年级；12 ~ 16岁为初级中学，七至十年级，16 ~ 18岁为高级中学教育，十一至十二年级。该教育体系自2012年6月开始执行，在此之前，菲律宾宪法中规定的教育体系是六年基础教育、四年中学教育和四年大学教育。新的教育体系增加了强制的幼儿教育阶段，增加了两年的高级中学教育，即重视基础教育和大学教育前的过渡教育阶段。高中毕业后，学生可以选择接受职业技术教育或高等教育。职业技术学校多为私立学校且大多在农村或郊区设立，其中私立学校占职业技术学校总数量的2/3，主要以农业、贸易等专业特点设立，有利于当地群众获得适合当地生产特点的劳动职业技能，培养中高级人才，提高工作效率，也为本国的教育系统与工业应用系统联合建立纽带。2021—2022年，菲律宾有60429所学校提供基础教育，包括菲律宾海外学校，有43090所学校（71%）提供纯小学教育。同时，只有1357所学校（2%）提供纯高中教育。从2017—2018学年到2019—2020学年，学校数量有所增加。然而，由于受新冠肺炎疫情影响，一些私立学校关闭，导致2020—2021学年到2021—2022学年的学校数量减少（表5.21）。在提供基础教育的公立学校中，78%只提供小学教育，而

表 5.21　2017—2022 年菲律宾学校数量　　单位：个

学年	2017—2018	2018—2019	2019—2020	2020—2021	2021—2022
学校数量	61563	61916	61923	60957	60429

资料来源：根据菲律宾教育部官方网站整理。

1%只提供纯高中教育以及所有课程（K–12）。在提供基础教育的私立学校和公共事业组织中，有46%提供小学教育。

菲律宾教育质量虽然近几年下滑严重，但是在1997东南亚经济危机之前，全世界最大、亚洲最古老的大学——圣·托马斯大学是亚洲排名第一的综合性大学，2022年仅为亚洲第175名。该大学建于1611年，西班牙统治时期，这也是菲律宾高等教育的鼻祖。现在位居菲律宾排名前列的大学还包括在美国统治时期1908年成立的菲律宾大学和1911年基督兄弟会开设的德拉萨（De la Selle）大学。菲律宾大学是一所综合性国立大学，位居菲律宾第一，是培养国家艺术与科学的教育中心。德拉萨大学将现代化的教学与宗教有机地结合在一起，强调学生的个性发展和领导能力等。总之，菲律宾大学有两类，即公立和私立大学。大多数历史悠久的私立大学都是由当时统治时期的教会投资建立并渐渐向菲律宾本地人开放。菲律宾的高校一般都设立附属小学和附属中学，甚至学前教育。2022年菲律宾在亚洲大学排名中有4所。菲律宾是东盟国家识字率较高的国家之一，2022年达到96.3%。菲律宾2020年高等教育毛入学率为33.8%（表5.22），在东盟十国中排名靠前，教育水平较高。

表 5.22 2020 年东盟十国高等教育毛入学率

国家	高等院校入学率	排名
印度尼西亚	31.5%	5
新加坡	86.6%	1
柬埔寨	15.8%	9
缅甸	13.4%	10
老挝	17.7%	8
菲律宾	33.8%	4
越南	24.6%	7
马来西亚	37.2%	3
泰国	51.2%	2
文莱	25.4%	6

资料来源：世界银行。

5.6.3 教育优势

首先，英语优势。菲律宾的英语普及率达到90%以上，在菲律宾170多种方言中占据绝对优势，是全世界使用英语最多的国家之一。目前，英语仍旧是菲律宾的官方语言。然而，菲律宾的英语语言优势是随着国家的殖民制度改变而改变的，由400多年的西班牙语转变为迄今100多年的英语广泛使用。西班牙具有种族歧视和压迫色彩的教育制度，并没有使得西班牙语被菲律宾人广泛使用，而美国开放的教育制度使得英语在菲律宾根深蒂固，甚至成为具有特色的殖民文化遗产。在菲律宾自治和独立时期，政府立法发展本国语言，于1935年选择北部方言他加禄（Tagalog）为菲律宾国语，四年后在教育法令中规定学校以国语为教学语言。但是，英语的普及和影响力远远早于菲律宾国语，且在阿罗约执政期间将英语作为教育系统的主要语言，投资上千万美元培养英语教师。于是，双语教学成为菲律宾学校的特色，这是教育文化与世界接轨的重要渠道。英语优势不仅为菲律宾带来了便利的国际文化交流，同时也为本国经济提供大力支持。劳务输出在菲律宾经济中占主要地位，菲律宾利用英语语言优势，大量培养家政、护士、矿工、建筑工等技术人才以及电脑工程师、电气工程师、医师、会计等专业人才，向海外输出剩余劳动力，每年向国内汇入外汇80亿元以上，构成菲律宾外汇的最大来源。

其次，华文教育也在菲律宾占据一定地位。菲律宾教育体系中，华文教育历史悠久。自9世纪起，中国商人已经开始同菲律宾进行贸易往来，现定居菲律宾的华裔人数达150余万。但是，早期华侨子弟的华文教育缺失，于是在19世纪末，第一所华侨学校——大清中西学堂（现中西学院）建立，开启了华文教育的先河。在中菲建交前后，菲律宾新宪法规定学校的创办、控制及行政等权力均需由菲律宾人所有，外侨学生在任何学校的比重不得超过三分之一。华侨长期定居，已融入菲律宾社会，华人也构成了菲律宾的主要少数民族之一，华侨学校达到宪法要求，地位得以稳定。菲律宾高校没有开设汉语课，为统一华语和华语教学研究，1991年5月，菲律宾华教中心成立。这是一所专业的民间组织，与政府机关、教育部、高等教育委员会、移民局等关系密切，不仅为中菲文化交流提供便利，还为中菲国际贸易往来搭建桥梁。根据菲律宾华教中心统计，目前菲律宾华文学校约为139所，分别为大马尼拉地区50所，吕宋地区43所，米沙鄢地区28所，棉兰老地区22所。1991—2022年，累计旅菲的中国教师达5481人次，不仅提高了华文教育与交流的水平，还促进了中菲人民之间的相互了解，也有助于加强两国之间的文化和贸易交流，从而有利于改善了菲律宾人民对中国和华人的认知和理解。

华文教育的重视和华文学校的开设，也是推动中国对菲律宾进行矿业投资的最好桥梁。华人的地位和富裕程度在菲律宾较高，占有一定比重的资产，有很多地区或矿区是华人持有或投资开发。这不仅与华人勤劳的本性有关，还有一个重要的原因就是几十年来华人经济权利变化的过程，使得目前华人涉足领域广泛。第二次世界大战结束之后的很长一段时间，菲律宾政府对华侨采取排斥和压制措施的同时，严厉地限制华侨入籍。在1945—1965年期间，菲律宾政府通过立法手段对于华侨实施“菲化”政策，特别是在经济领域对华侨企业与资本进行限制（庄国土，2003）。而华人通过加入菲律宾国籍和转型等方式，寻找自我生存的条件。因此，选择对外侨开放的矿业、制造业、大规模贸易等领域是当时华人为了生存的选择，却为以后的经济积累奠定了基础。近几年菲律宾主要的经济命脉被华人掌握，2022年《福布斯》公布的菲律宾富豪榜中，前十大富豪有五位是华裔，涉及范围广，包括零售、银行、房地产、酿酒、航空、港口、工程外包、旅游及多元化经营等领域，占“前50名富豪”财富总额的32%。目前在菲律宾的民间华商有300多所，其中最大的是菲律宾华商联总会，是非盈利的股份公司性质，其设立主要为协调在菲律宾华人及华人企业的纠纷问题，与政府及时沟通并提供经济、文化发展建议与意见，帮助菲律宾贫穷人民改善生活和促进农业、农村发展等，在菲律宾国内设立100多家分支机构，遍布各个地区。另外一些比较活跃的华人商会还有菲华各界联合会、菲律宾中国商会，等等，都是为了帮助旅菲华侨或新移民争取合法利益和融入主流社会而服务的社团组织。华裔商人和华人协会与菲律宾各行业具有紧密的联系，因此，保持与菲律宾当地华人友好关系，并建立有效的文化交流对中国投资菲律宾金属矿产资源有重要的意义。

5.6.4 本土人民的认可度

总体而言，通过笔者在菲律宾考查走访了解，菲律宾当地居民接受能力和认可来菲律宾投资的程度偏高，尤其对于来自中国的人民和企业大多为友好态度，这与之前的被殖民历史是分不开的。殖民后带给菲律宾人民生活的改变更多的是与外国人通婚率比较高、家庭海外就业人数比较多、文化背景较复杂、信仰不同、外国企业多等现状。因此，菲律宾大多数人通识英文、西班牙文、华文等一种或多种外语，这对于投资国进驻菲律宾后进行企业文化培训、技能技术培训等十分有利。

但是，近几年资源民族主义问题已成为矿产资源开发中不可避免的问题，也是近几年国际投资矿产开发中最高的风险之一。资源民族主义还没有统一定义，肖洋（2013）指出资源民族主义是“廉价资源时代”向“高价资源时代”转变所产生的必然产物。金属矿产资源是一种不可再生资源，各国为了保护其矿产资源，通过政府或其他组织阻碍矿产资源的开发。由于自然资源归国家所有，国家政府为了实现某些目标而采取控制和支配矿产资源，并干预市场矿产资源的行为都属于资源民族主义范畴。自2012年以来，资源民族主义问题最多发生在南美洲国家，其次是非洲国家，菲律宾等其他亚洲资源国家发生次数不多，但有上升趋势。菲律宾有大约100个土著部落，大约120万人口，占全国人口的10%左右。据菲律宾统计局对部落人民调研统计，64.9%的违反土著人民权利是非法进入，主要包括强行安置、环境污染等原因。其中强行安置的主要原因来自于自然灾害、矿业开发和军事武装冲突，矿业开发的原因占18%。对此，菲律宾民间社会、天主教会、反政府武装、当地政府等对金属矿产资源的开发都曾经反对过，引起了社会的不稳定情绪，导致国家政府不得不更新相关矿业政策或法规。其中因81%的国民信奉天主教，天主教具有强大的号召力，通过举办不定期的非政府组织会议形式讨论环境保护、禁止采矿等事宜。自2000年7月到2011年5月，菲律宾的矿业活动受到了反政府武装中“新人民军”的袭击。这些袭击可能导致了民众支持者和项目相关工作人员的伤亡，并且可能会造成采矿设备等财产的损失。总之，资源民族主义来源于政府和民间两方面，两者相互依托，若政府出台相关政策具有一定的资源民族主义色彩，民间一般会相应发生一些阻碍矿产开发的事件；若民间反对在本地开发矿产资源的行为，政府会相应出台政策维护本土居民利益。政府具有资源民族主义的表现方式一般为增加税费以提高国家占有率、清理或重新谈判合同和采矿权、增加政府持有股份与本国员工比例的要求、外商投资矿业政策、禁止矿物原料出口等。菲律宾政府提高了勘探方面的税费，出口关税也由20%上涨到30%，增加了菲律宾国家的占有率；同时政府强制参与和控制矿业企业股份，拥有一定比例的经济利益强制股；对于投资开采的矿种有限制，同时要求菲律宾本国公民至少拥有外国投资商60%的股份和表决权。

另外矿业开发过度或不当造成当地环境污染是资源民族主义反对的核心。1996年马尔科帕（Marcopper）尾矿发生泄露事件，菲律宾一些民间团体参与反对非铁金属采矿的活动。马尔科帕矿位于北部中心高地岛屿，由马尔科帕矿业公司负责开采，该公司60%的股份由菲政府控股，40%的股份由加拿大矿业公司持有。由于尾矿堆积的塞子破裂导致酸性物质流入波克河（Boac River），使波克河流域的当地居民用水受到威胁，因此当地土著部落、环境保护主义协会、教会等民间团体自发组织会议或示威游行要求菲律宾政府对1995年矿业法进行修改，取消金属矿产资源的大规模勘探、开发和利用的融资和技术援助合同（FTAA）。随后，一些当地政府利用《地方政府法案》的条款相继出台了“禁矿令”以终止采矿活动，例如卡皮兹省（Csapiz）和伊洛伊洛省（Iloilo）于1999年宣布禁止所有大型采矿活动15年，东民都洛省（Oriental Mindoro）于2002年立法决定所有主要矿业项目停产25年等，大约有12个省级政府出台了相关法规，主要影响了金、铜、镍矿的开采。中央政府为降低地方政府权利开始签发行政命令，指出只需3个地方政府中的任意两个同意采矿活动即可。而地方政府认为《地方政府法案》在对于终止矿业活动事宜中没有指出要求所有相关地方政府通过同意，而仅是所有受影响的地方政府必须一致通过同意；行政命令是由环境和自然资源部签发的规定，不能取代地方政府的法案规定。最终，两级政府对于矿业开采活动是否终止之事的矛盾以中央政府的行政令签发胜出。菲律宾政府在尾矿泄露事件之后，确定开始征收“灾难保护基金”，颁布了《本土人民权利法案》，因此，对菲律宾勘探、开发金属矿产资源的同时，必须要重视对矿山矿区土地的复垦计划和环境保护措施的实行。

5.7 小结

菲律宾的历史背景和社会文化环境构成较复杂，对菲律宾进行矿业投资，不仅要考虑传统的矿产资源自然禀赋和政策导向，而且对资源国的政治制度及其形成机制以及对社会文化和国民的影响也应作为对菲律宾矿业投资环境考察的重要因素。

6　中国对东盟矿业投资环境对比分析

6.1　菲律宾矿业投资整体状况

根据菲律宾国家统计局发布的菲律宾工商企业年度调查报告显示，2020年在菲律宾共有110家企业参与矿业开采，其中金矿开采企业数量最多，为16家，其次是镍矿和铜矿企业，分别有15家和14家（图6.1、图6.2）。2020年，这110家企业共创造矿业产值约为1004亿比索，其中铜矿、镍矿各占产值的20%和11.2%。

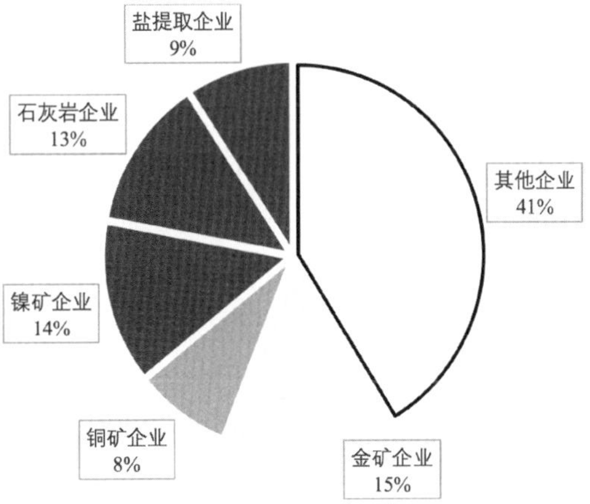

图6.1　在菲律宾矿业开采的企业分配图
（资料来源：根据菲律宾统计局官网整理）

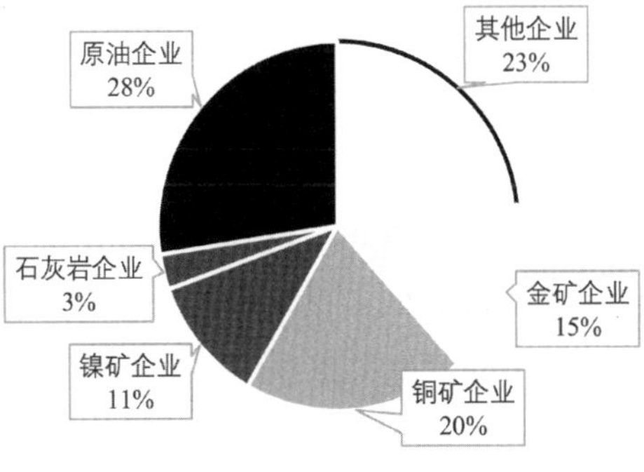

图6.2　矿业产值分配图（企业开采产值）
（资料来源：根据菲律宾统计局官网整理）

菲律宾黄金储量较为丰富，金矿分布较广泛，根据矿山数量与矿层特点分为五个矿区：Baguio金矿区，Paraeale金矿区，Masbate金矿区，Surigao金矿区，Masara金矿区，其中典型的矿山有Acupan金矿和Siana金矿。

2021年，菲律宾铜储量48亿吨，铜矿分布也较为广泛，其中最典型的铜矿有Santo Tomas斑岩型铜矿、Toledo斑岩型铜矿。由于其他矿业企业停止运行，自2001年起，Pedcal (Phliex矿业公司）曾是菲全国铜唯一生产商，在2007年菲铜矿主要来源于Pedcal（Phliex矿业公司）和Rapu-Rapu（澳大利亚Lafayette公司）两座矿山项目。Toledo铜矿由Atlas旗下的Carmen铜公司经营，据统计拥有储量8.74亿吨，自2008年开始开采以来，Toledo铜矿的产量自2009年至2011年分别占全国铜矿总产量的36.90%、46.64%和55.14%，成为菲律宾最多的铜矿生产商。2012年该矿山铜矿产量4.0783万吨，约占全年铜产量的63.89%，比2011年产量提高了27%。2019年，该矿山铜精矿产量为18.7万吨。2020年由于Carmen铜公司发生矿井滑坡事故，造成多人死亡，因此Carmen铜矿的原矿暂停开采。

Rapu-Rapu金属矿山的铜矿也发挥着重要的作用。该矿开采于2005年7月，但由于发生了两起氰化物尾渣泄露事故，被迫于2005年11月暂停生产，随后又因数次台风袭击而影响生产规模。Rapu-Rapu多金属矿山75%的股票由澳大利亚Lafayette公司持有，另25%的股份由国际与韩国资源公司持有。2008年4月，Kores公司（韩国国家投资公司）通过其控股公司Philco资源有限公司收购了70%的股票，剩余的30%股票由马来西亚冶炼公司（MSC）和韩国LG集团共同持有。改组后，2009年Rapu-Rapu矿山铜矿产量为6219吨，相比2008年的936吨增加了564%，到2012年产量占铜矿总产量的12.16%。据中国有色金属网估计，Rapu-Rapu矿山储备量为440万吨，其中每吨矿石中铜含量为1.54%、锌含量为2.74%、黄金含量为2.78%。由于矿物储量的耗尽，目前该矿区已经停止开发。

位于菲律宾南哥打巴托省的Tampakan铜金矿是东南亚地区最大的未开采铜金矿床，由澳大利亚西部矿业公司发现。该矿床能够开采出巨大的资源，并且拥有良好的开采条件，由于矿床巨大，最适合大规模的露天开采。然而2010年，南哥打巴托省实施了禁止露天采矿的政策，使得Tampakan铜金矿项目停滞不前。2022年，菲律宾监管部门撤销了省禁令，这也让Tampakan铜金矿有望得到进一步的开采，也意味着菲律宾打开了矿业投资的大门。

目前，外资企业在菲律宾矿业上的投资仍然较少，仍主要集中在金、铜、镍三种金属矿中（唐玉浩等，2018）。因此菲律宾每年都签署“投资优先计划”，实施外资促进制度。2022年，菲律宾为弥补疫情造成的经济损失，推动行业繁荣与经济复苏，修正了《外国投资法》与《公共服务法》，法案明确取消外国企业股权投资占比与外资所有权的限制，并将符合条件的初创企业的投资门槛由20万美金降至10万美金。

中国在菲律宾主要进行镍矿的投资与开发（唐玉浩等，2018）。金川集团作为中国最大的镍生产商，于2010年投资开发菲律宾Nonoc矿区，投资总额达到15亿美元。

6.2 中国对菲律宾镍、铜投资模式

中国投资菲律宾金属矿产资源以国有矿业企业、非矿业企业/投资集团为主，私营企业和中小矿业企业为辅的主体结构，这也是为了满足国家战略安排的需要。在对外投资活动的方式来看，主要有两种方式，一是以合作或并购的方式购买部分或全部当地矿山的股权；二是在当地创建自己的分公司或子公司。这两种方式各有利弊，合作或并购的方式可以直接并很快地获得经营权和经营资源，风险小，收益快，但是公司文化和政府干预会阻碍其投资，因此其只适用于资金雄厚、有高级管理人才或力图争取稀缺资源的企业。新创立公司的方式有利于企业的长期投资规划实施和采取机器设备、原材料作为资本的投资活动，但是较前者进入市场慢，无法取得特有的经营资源，因此其比较适合于外汇资金不充足，有长远发展目标的企业。

以铜产量中国第四、镍产量中国第一的金川集团为例，其拥有世界上第三大硫化铜镍矿床，参股公司21家，拥有39家全资或控股公司，公司位置覆盖全球，在全球开展金属矿产资源的开发与合作。该集团在甘肃运营最大的镍矿山，但是因为无法满足生产镍铁和镍的镍矿石，于是与菲律宾两个集团签署合作协议，共同开发两座位于菲律宾南部苏里高市附近的Nonoc红土镍矿——亚洲最大的镍矿之一。因此，中国多采取通过购买全部或部分矿山股权的矿产资源投资方式，这一方式能够免去勘探投资成本，且矿产储量已确定，进入市场快，获得收益及时。但同时需要充足的资金支持，一旦出现任何风险，损失将会很大。且大多数矿业企业投资资金是通过间接金融市场获取，所获贷款额度和利率受国家经济发展和货币政策影响，而西方矿业企业融资经历了以自由资金为主、发行债券、国家拨款的形式，从20世纪80年代至今矿业资本市场活跃，成为矿业资金主要来源。

目前，菲律宾是中国在东盟较大的金属矿进口国，其丰富的金、铜、镍等金属矿产资源对中国在菲律宾的投资开发具有非常好的优势。随着一带一路的倡议与中国矿产资源“走出去”战略的不断实施，中国政府给予矿产投资开发企业资金支持，这使中国在菲律宾的投资开发方面具有资本优势。另外，由于目前菲律宾、印度尼西亚等东南亚国家逐步推进限制原矿出口的政策，因此中国矿产企业逐步实现从矿产勘探到矿产深加工方式的转型，鼓励矿产深加工企业“走出去”。此外，由于菲律宾市场化基础设施较为落后，阻碍了我国矿产品企业的投资，因此，中国也在不断扩大投融资规模，增强对中小型企业的资金支持，同时与菲律宾加强基础设施领域的合作。

由于中国主要进口菲律宾的镍矿，主要在菲律宾开发镍矿，因此中国经常出现多个企业合作开发镍矿、在菲律宾建设镍矿冶炼加工厂的开发模式，实现矿产开发的转型升级。并且受到菲律宾矿产法律的不断改进与变化的影响，中国很多矿产企业在合资企业生产经营中不断扩展融资渠道，采用多种手段转移和化解投资风险，从而不断适应复杂的境外投资环境。

6.3 中国与东盟对外经贸关系

近几年，中国对外矿业投资数量主要集中在非洲、东南亚和澳大利亚，分别占比30%、25%和10%。在非洲的投资项目数量和额度都是最大的，澳大利亚的投资额占总投资额的19%左右，东南亚仅有10%左右。东南亚地区分布着东盟成员国，东盟成员国有印度尼西亚、马来西亚、菲律宾、泰国、新加坡、文莱、越南、老挝、缅甸、柬埔寨。早在2007年，中国就与东盟签订了《服务贸易协议》，协议的签订推动了中国与东盟的服务贸易自由化。2020年，中国与东盟十国签订自贸协定，协定目的是减少关税壁垒，刺激以东盟为主的区域经济一体化发展。根据数据显示，2013至2022年，马来西亚与印度尼西亚是中国进口有色金属矿产品的主要贸易伙伴国（图6.3）。2022年，泰国与越南向中国出口的金属矿产也占一定份额。受新冠疫情影响，菲律宾出口有色金属占比逐渐减少。

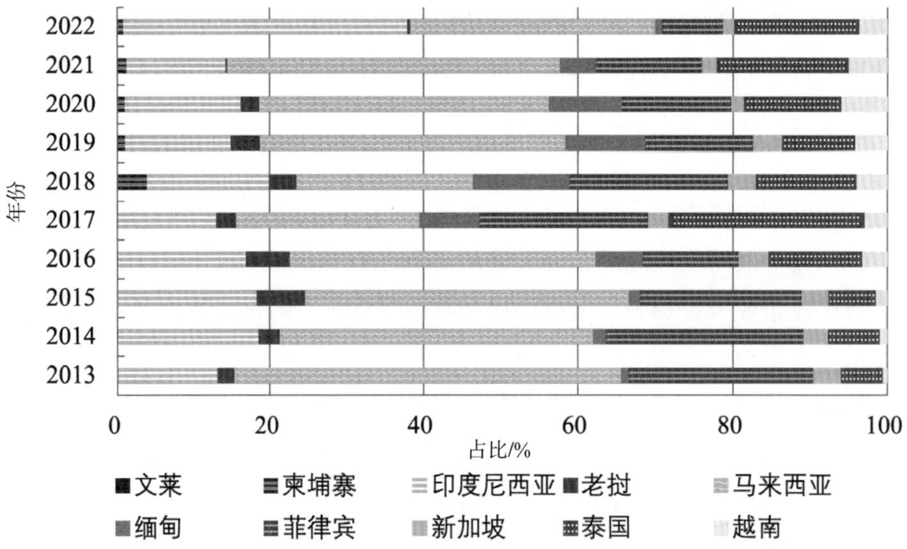

图6.3　中国进口有色金属东盟国家总额占比
（资料来源：根据UCSI Mineral Yearbook 2013—2022数据整理）

马来西亚、印度尼西亚、泰国和越南均地处东南亚，同属东盟成员国之一，经济发展水平和政治稳定性相当，由于国内矿产开发技术和资金的不足，都非常重视对矿业的发展，以期带动国内经济的发展。越南国际竞争力虽未进前64位，但因其较为丰富的矿产资源加之与中国接壤的原因，逐年成为中国矿业投资的热点，如图6.4所示，泰国、马来西亚世界竞争力较为接近，印度尼西亚近五年来与菲律宾国际竞争实力不相上下，因此，本节选取以上五国进行矿业环境从自然环境、法律环境、经济环境、政治环境以及社会文化环境对比研究。

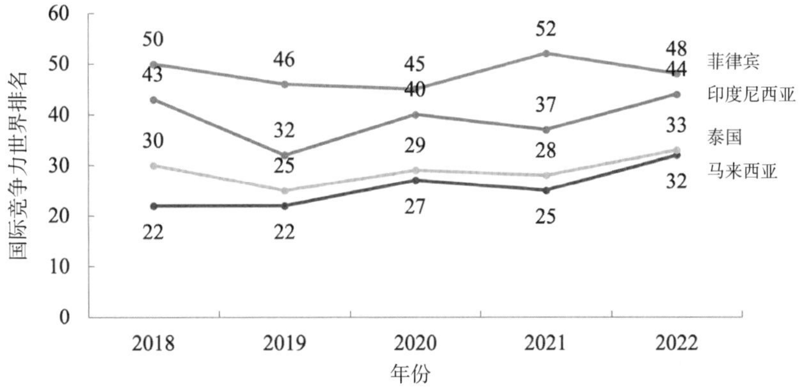

图6.4 2018—2022年国际竞争力世界排名
（资料来源：根据IMD World Competitiveness Yearbook 2018—2022数据整理）

6.3.1 印度尼西亚矿业环境特点

6.3.1.1 自然环境——矿产资源丰富

印度尼西亚是东南亚整体投资环境较好的国家之一，拥有丰富的矿产资源，其中金属矿产资源铝土矿、铜、镍、锡等储量具有优势（表6.1）。印度尼西亚是全世界最大的铜产地国之一，铜储量占世界总储量的6%左右；东南亚金矿开采也多集中在印度尼西亚，金储量居亚洲首位，约占世界总量的6.5%，是世界第四大金资源国（谢尚克等，2022）。在2001年，印度尼西亚被评为十大矿产投资国之一，一半以上为金矿。在印度尼西亚的大多数岛屿中都有发现金矿，其中巴布亚省的金矿是印度尼西亚最大的金矿，也是世界最大的金矿之一；印度尼西亚的镍储量占世界总量的4.5%左右，列世界第八位。镍矿品位好，多为红土镍矿；印度尼西亚锡矿储量仅次于中国，列世界第二位，占世界总量的14%左右，大多锡矿是与中国滇西锡矿以及泰国、马来西亚的锡矿同一个成矿带。

表 6.1 2021 年印度尼西亚主要矿产储量及产量

矿种	储量	产量
镍/万吨	2100	104
铜/万吨	2400	73
铝铜矿/亿吨	10	0.21
金/吨	2600	66
锡/万吨	80	7

资料来源：根据UCSI Mineral Yearbook 2022数据整理。

6.3.1.2 法律法规——矿业政策及矿业权管理

印度尼西亚为促进国家经济发展、增加出口、减少失业率等，大力推动矿业发展和矿业保护措施。于20世纪60年代末颁布了新的《矿业法》，授予中央政府管理矿产资源的权利，在90年代末，立法确定地方政府有权管理矿产资源的勘查和开发活动。印度尼西亚的矿业权有普通、民间和特别矿业许可证。普通许可证下对金属、非金属、能源类矿产资源的勘探和开采权均有细分。矿业权的获得主要有与地方签订开采合同和与当地具有勘探权的企业合作签订工作合同两种方式。外国投资商若以独资方式投资，则可以拥有100%的股权，但必须在15年内把部分股份转让给印度尼西亚的居民或法人。工作合同方式是印度尼西亚一种为外国投资商进入印度尼西亚矿产开发而制定的具有法律效应的独有方式。为了保证项目顺利进行，降低矿山或矿区开发对当地的负面影响，工作合同对投资商的勘查、生产、环境保护等各个环节均有规定。取得工作合同必须要与印度尼西亚各个环节的多家企业联合经营，建立合作关系，并取得有效法律地位。该项合同期限最久30年，到期可以延期。

2009年印度尼西亚通过新的矿业法，关于金属矿产资源最大的变化是要求在印度尼西亚国内冶炼加工已开发的矿产品，已生产企业按原有标准最多5年缓和期，即在2014年前建立矿产品冶炼加工厂或交由其他合法企业加工。

2014年印度尼西亚政府为支持中小企业发展，鼓励国内外私营企业参与或承包政府工程建设，签订了禁止国有企业参与300亿印度尼西亚盾（约250万美元）以下的政府工程项目。矿业法规政策不明确，使得许多矿业公司无法按时进行矿业开发。自2014年初开始，印度尼西亚政府为了鼓励建立本地冶炼厂、增加矿产品的附加业务、扩大本地就业，出台了禁止未经加工的金属矿产品出口的政策，致使2014年印度尼西亚出口减少了10亿美元左右。中国曾经是印度尼西亚镍矿石和铝土矿的最大进口国，出口禁令使得中国不得不寻求新的镍矿和铝土矿的资源出口地。与此同时，矿产开发的税费增加。印度尼西亚政府为了增加矿产成本，获得更多矿产开发利润分成，设定金属矿产资源的勘探和开发在缴纳所得税、权利金的基础上，增加10%的附加税，即生产企业净利润的10%。分别由中央和地方政府按四六分成。

2017年，印度尼西亚放宽矿业出口限制，在每周周四，允许出口镍矿与铝矿等精矿。

2019年9月，印度尼西亚宣布将于2020年1月1日对镍矿石出口实施禁令，比原先宣布的时间提前两年。印度尼西亚证实镍储量为7亿吨，是全球最大的镍生产国之一。其反复对镍矿石出口进行限制，使全球镍矿供应面临重大挑战，引发镍价大幅上涨。

2022年，全面禁矿出口再次开启。

6.3.1.3 经济发展

近年来，全球局势不稳定，加之新冠疫情的影响，全球经济持续动荡。印度尼西亚为加快恢复经济，采取强有力的财政与货币政策，经济发展逐渐稳定，2022年，印度尼西亚GDP同比增长5.31%，创下2013年以来的最高增速，在东南亚国家联盟成员国中位列第一。随着经济发展，印度尼西亚的通货膨胀率得到了良好的控制，2022年财政赤字已从之前占国内生产总值的4.7%降至3.9%。经济的平稳向好发展对印度尼西亚的矿产投资具有良好的环境促进作用。

但目前，加强基础设施建设仍然是重中之重。印度尼西亚因其地理地形特征，资金匮乏等因素，基础设施建设发展极为缓慢，尤其是交通运输网络尚不完善。虽然随着政府不断推进实施国家战略计划，基础设施建设水平有所提高，但由于受新冠疫情的影响，经济水平又呈现下降趋势，导致大型矿产投资项目数量下降。

随着“一带一路”倡议的发展，印度尼西亚在投资发展中也会有较大的发展机遇。目前，印度尼西亚已经将基础设施建设作为未来发展重点，并不断放宽对外来投资者的限制，鼓励资本流入。

6.3.1.4 政治环境

“一带一路”倡议虽然推动了我国对印度尼西亚的投资，但是也面临着一定的政治风险。当前国际政治环境动荡，美国、日本、澳大利亚不断拉拢印度尼西亚，企图通过印度尼西亚遏制中国发展（罗婷婷等，2018）。印度尼西亚为了实现向中强国进发的目标，采取大国平衡战略，这极大地加剧了印度尼西亚的投资风险，使投资环境受到严重的冲击。

此外，印度尼西亚作为多党制国家，国家内政党竞争一直激烈。2019年，佐科当选印度尼西亚总统，其在聚焦经济发展、重视基础设施建设、推动降低贫困率等方面政绩突出。佐科总统的执政保证了印度尼西亚政局的平稳和政策的连续性，但是国内政治的复杂性不能马上转变，给该国环境造成不利影响。

6.3.1.5 社会文化环境

印度尼西亚的人口众多，据2022年统计数据，印度尼西亚人口达到2.67亿，世界排名第四，因此印度尼西亚的劳动力十分丰富，但由于经济发展总体较弱，导致劳动力廉价，这也吸引了外国资本的投资。印度尼西亚的民族多达300多个，其中主要的民族有爪哇族、巽他族、马都拉族、马来族等，华人华侨占人口总数的5%，超过1000万人。这对中国在印度尼西亚的投资具有促进作用，可以通过发挥华人的桥梁和纽带作用，更好地促进中国在印度尼西亚的投资（刘优等，2020）。由于印度尼西亚人大部分信仰伊斯兰教，因此外国投资者会存在文化差异，投资企业为更好地发展投资，应注重当地宗教信仰，入乡随俗。虽然印度尼西亚同样实行九年制义务教育，教育普及率较高，但高端科技人才有限，因此外国资本在印度尼西亚的投资主要集中在资源密集型企业和劳动力密集型企业。

6.3.2 越南矿业环境特点

6.3.2.1 自然环境

越南位于中南半岛东部，南北山脉贯穿，海洋围绕东南，具有丰富的矿产资源。越南目前已发现矿产资源超120种，涵盖能源类、金属类和非金属类三大类矿产（赵明东等，2013）。探明金属矿产资源中主要有铁、铝、铜、镍等。其中铁矿储量较大，前景储量大约20亿吨。分别已在西北地区、北部地区和中部地区发现多种类型的铁矿，且品位较高，目前越南有200多个铁矿点。铝土矿主要分布在北部地区，前景储量大约70亿吨，现已探明45亿吨左右。铜矿和镍矿的前景储量分别为1000万吨和500万吨，其中铜矿已探明800万吨，多为混合金属铜矿。铝土矿是越南优势矿产之一，是全球第三大铝土矿供应国家，推测前景储量大约60亿吨，多集中于北部和南部地区。

6.3.2.2 法律法规

自20世纪80年代颁布外国投资法后，越南逐步实施扩大投资商在越南境内的经营活动范围，简化发放项目许可证和管理环节，降低税费等条规。新的投资法扩大越南地方政府审批和发放许可证的职能和权利，降低和减少中央政府各个部门审批和签发许可证的比例。越南给予外国投资商较多的投资权利，包括投资商有权选择投资项目、对象、时间、地点及法定出资比例等；允许设立分支机构和办事处；允许在投资过程中更改投资方式；允许租赁设备，等等。同时，投资商还享有一定的优惠政策，尤其针对特殊项目和在贫困地区的项目，可享受营业收入税率不同比率、进口原料免税、免缴增值税和降低税率水平等优惠税收政策。如符合特殊项目，或在贫困地区的投资项目，或在工业区、加工出口区、高新技术区进行基础设施建设的企业便可享受营业收入税为所得利润10%的优惠政策。同时进出口手续、投资许可证申请及发放等行政环节逐渐简化。

越南矿业权许可证主要有普查许可证、勘探许可证和开采许可证三种。普查许可证对金属矿产资源授权最大面积不超过100平方千米，期限为12个月，到期可再延期12个月，但中途不得转让；勘探许可证授权面积与前者相同，但是期限为2年，到期可延期2年，并且中途可以转让；开采许可证授权面积根据具体项目而定，期限为30年，到期可延期20年，中途可以转让。越南曾经调高金属矿产的资源税税率，包括金矿、稀土矿、铝矿、猛矿、镍矿等，税率平均提高了3%左右。同时自2012年起越南政府对开发原油、天然气、煤气及一些金属矿产资源征收定价不等环保税，即根据开采矿产数量和上缴费用等因素收取。加大对矿区开发和事后的环境保护措施并立法，使对越南投资的门槛提高。

6.3.2.3 经济发展

越南为了吸引外商投资，对外国投资商的投资许可证申请及发放程序予以简化。但是对于开发矿山的企业，其限制外资独资企业经营，鼓励与越南国内企业合作或合资经营。而寻求合资企业和矿区，需要与矿区所属省份相关部门签订协议，具体操作仍旧比较繁琐，效率较低。

矿业法给予越南政府很大的参与干涉权，可以在“国家的国防、安全、历史或文化或公共利益等原因宣布正在采矿的地区为禁止采矿区或暂时禁止”。另外已探明矿产资源已被越政府和管理机构控股，外国投资者很难进入，只能通过合资或合作形式进行勘探、开发，而开采权需要交纳一定费用。越南政府对于投资方投入资本、产品销售、出口数量、销售价格、技术与安全标准、劳工福利等方面设立了具体的执行标准，这些条款都加大了投资和谈判难度。

越南的基础设施建设也较为薄弱，主要发展水上运输，虽然建有集装箱码头，但是吞吐量较小，这导致不能满足矿产品的航运运输发展。越南在未来也将把基础设施建设放在重中之重，这为外国矿产投资带来机会。

6.3.2.4　政治环境

越南作为社会主义国家，社会主义建设时期较短，因此在政策制定、法律法规建设等方面仍有较大的进步空间。由于环境的变化，越南政府对《外国投资法》等相关法律进行频繁的修改，使得外国投资者对其的不确定性增加，大大提高了外国投资者的进入壁垒。

由于越南工资水平相对较低，一些领导干部尝试通过各种手段敛财，导致越南政府的贪污腐败问题愈发严重，这也加剧了外国矿业投资者进入的难度（陈文等，2021）。

中越关系同时也影响着中国对越南矿产资源的投资开发，两国之间在南海群岛主权问题上的争议使越南国内的反华情绪高涨，这也加大了中国政府和企业与其他国家对越矿产资源投资的难度。

6.3.2.5　社会文化环境

越南拥有丰富的劳动力，且劳动力素质高、成本低，但同时也缺少高新技术的人才，因此越南的劳动密集型产业众多。越南拥有54个民族，各民族相处融洽，整体环境较稳定，这有利于外国投资者的进入。由于东汉年间，中国的儒家思想传入越南，因此儒家思想是越南人信仰的思想，中国与越南在思想上的相似性，可以更好地为中国营造良好的文化环境。对于民族文化具有较大差异的国家，外国投资者应事先进行民族文化的全面了解，从而在投资决策时进行社会文化风险的规避。

6.3.3　马来西亚矿业环境特点

6.3.3.1　自然环境

马来西亚地处东南亚，地势北高南低，有5座海拔两千米的山脉，蕴藏着极为丰富的锡矿资源，优越的地理优势不断凸显，马来西亚锡储量100万吨，占世界总储量的16.4%，2021年，马来西亚锡的产量为5000吨，在世界上拥有“锡国”的美称。铁矿是其第二重要的金属矿产资源，包括磁铁矿、赤铁矿、褐铁矿等。马来西亚作为东南亚主要的能源消费国，能源消费需求在逐年增加。

6.3.3.2　法律法规

近年来，马来西亚政府欢迎外商投资于各个行业，尤其是制造业及高科技产业。一般政策规定，外资在合资企业中最多只能拥有30%的股份，但在制造业出口外向型产业中允许外商独资。凡涉及矿产品开采加工的项目，外商均可独资。在决定所有权比例时，主要考虑以下几个因素:投资的级别、项目中的技术和风险、马来西亚本国是否有该矿产品勘探、开采和加工方面的专家等。对于矿权的管理，马来西亚按照法律规定交由政府管理（李烈干，2015）。

马来西亚的主要经济来源是采矿业，但由于资源的枯竭与不可再生资源的过度使用，马来西亚开始限制开采量，马来西亚于1994年开始实施《矿产资源开发法》，其中规定了开采企业的权利与义务。

马来西亚鼓励矿产品的后期冶炼加工产业的投资，这符合东南亚经济发展水平高的国家的矿业发展要求，因此中国不断加大冶炼加工的投资，在后期加工领域与马来西亚创造更多的合作空间。

6.3.3.3　经济发展

马来西亚经济发展水平较高，从GDP上来看，印度尼西亚、泰国、马来西亚分列东南亚前三名。按照人均GDP排名结果显示，马来西亚也同样排名第三。2021年，马来西亚的GDP达到3727亿美元，实际增速为3.13%，在疫情过后，呈现显著的复苏态势，经济前景非常乐观。马来西亚虽与发达国家经济水平存在一定差距，但是马来西亚的医疗水平与教育水平在亚洲都处于高水平地位。

马来西亚实行开放的市场经济，于1957年加入《关税和贸易总协定》。根据马来西亚外汇管理局、金融发展委员会等部门的规定，外国投资者的资本金和利润可以自由进出，并且外汇汇出不需缴纳特别税金。

6.3.3.4　政治环境

马来西亚是个实施联邦议会民主制和选举君主立宪制的国家，当前由几个政党联盟执政。自1963年建国以来，很少出现政局的动荡，局势基本保持稳定。这为外国矿业投资营造了良好的政治投资环境（郑明贵等，2020）。但从2018年以来，随着执政长达61年的巫统所在的国民阵线联盟下台，马来西亚的政局开始反复动荡。这也增加了环境风险。

2018年，马来西亚大选，马哈蒂尔上台，叫停了中国承接的“一带一路”项目——“东铁”，这使得中国与马来西亚的关系进入低谷期。

2019年，通过两国友好协商，在减少预算费用的前提下，马来西亚重启了“东铁”计划，并在同年，赴中国出席了“一带一路”国际高峰论坛，中马两国关系逐渐回归正轨。

自此之后，马来西亚不断与中国加强外交、推进区域合作。在疫情期间，中国不断帮助马来西亚，积极开展疫苗合作，并且在南海问题上，马来西亚表示会同中国一道共同维护南海和平稳定。中马两国关系不断向好发展。

由于马来西亚政局的基本稳定，加之该国同中国关系向好发展的态势，中国矿业企业非常热衷于在马来西亚进行投资，这也将不断促进中马两国的经济交流。

6.3.3.5　社会文化环境

马来西亚宪法规定国民信奉伊斯兰教，中国企业在进行跨国投资时，应当尊重当地宗教信仰，并避免与当地人因信仰问题发生冲突。马来西亚华人众多，华人占比约25%，在东南亚11个国家当中，排名第二，仅次于新加坡。华人可以作为中马两国联系的桥梁，使中国企业更好地借助当前的社会文化环境，进行矿业资产的投资。

6.3.4 泰国矿业环境特点

6.3.4.1 自然环境

泰国自然矿产资源十分丰富，矿产资源分为三类，分别是燃料矿、金属矿和非金属矿。其中金属矿有锡、钨、铁、锌、铜等。泰国处于东南亚的锡矿带，锡矿储量为150万吨，超过世界总量的20%，其储量已经超过马来西亚，成为锡矿储量最多的国家。泰国已然成为东南亚排名靠前的矿产品消费市场。

此外，泰国具有优越的地理位置，其具有充足的水资源，阳光充足，雨水充沛，气候湿润，土地肥沃，丰富的自然资源吸引了很多外国企业前来投资，且投资收益颇丰。

6.3.4.2 法律法规

泰国固体矿产矿业权管理的法律依据主要是两部矿业法，分别是1967年颁布的《矿产法》和1966年颁布的《矿产权利金税率法》，除此之外还有1992年的《国家环境保护与促进法》、1977年的《投资促进法》。《矿产法》主要涉及矿产勘查、勘探、开采、加工、冶炼、贸易、权利金的支付和矿产品的进出口。泰国的税收体制较为完善，泰国与矿业开发有关的税费主要包括公司所得税、权利金和矿地租金等。在一般情况下，公司所得税率为30%。石油生产的公司所得税为50%。大多数矿产的权利金费率为5%。金矿为2.5%。

泰国的矿业权与地表权是独立分离的，但是一切矿产均为政府所有。

6.3.4.3 经济发展

2022年，泰国GDP达到17.3673万亿泰铢，约合5100亿美元，经济增长了2.6%。泰国的基础设施相对完善，拥有发达的海陆空交通网络，在东南亚国家中，经济发展水平较好。泰国实行自由经济政策，政府政策以亲商、亲投资为主，因此这可以吸引外国矿业资本进行跨国投资（Kitcharoenkarnkul T，2017）。

6.3.4.4 政治环境

泰国是实行君主立宪制的国家，国王的世袭继承与内阁政府的更迭变换，成为泰国政治的一大特点，这也导致泰国政局风云多变，从2006年开始，以泰国北部、东北部的农民，或在曼谷打工的蓝领阶级为代表的红衫军和以泰国南部与曼谷中产阶级为主的黄衫军形成对立局势，这使得泰国的政局变得相当复杂和混乱。从那以后，民选政党、各党派的相争，把泰国推入不稳定的政局当中。因此，风云多变的政治环境成为制约其吸引外国企业投资的重要因素（曾珠等，2020）。

泰国在透明国际组织公布的全球180个国家2022年清廉指数排名中获第101位，比2021年上升了9位。国家不断制定相关法律法规以约束腐败现象。

6.3.4.5 社会文化环境

泰国的现任国王是玛哈·哇集拉隆功，泰国人对国王非常崇拜和尊敬。佛教是泰国的国教，是其文化的重要组成部分，由于中国也存在佛教，因此，宗教信仰的相似性可以为中国企业提供很好的文化环境，从而促进中国企业的投资交流。泰国拥有廉价的土地资源和劳动力资源，这会吸引外商进行投资，但同时，泰国劳动力质量的不足也在不断限制经济增长，对投资环境造成负面影响。

6.4 小结

本章分别从自然环境、法律法规、政治环境、社会文化环境五个方面对比分析中国与菲律宾、印度尼西亚、越南、马来西亚、泰国五个国家的矿业投资环境。通过分析，我们找出了在东盟国家中，中国主要倾向于与菲律宾建立投资关系的原因。具体原因如下。

6.4.1 印度尼西亚与菲律宾投资环境对比

通过分析，在政治环境方面，中国与菲律宾就南海问题产生争端，印度尼西亚也受美日澳的拉拢，在与中国的政治关系中，菲律宾与印度尼西亚处于近乎平等的地位。

在社会文化方面，菲律宾拥有完整的教育体系，设立多所高校，培养中高级人才，提高工作效率，也为该国的教育系统与工业应用系统联合建立纽带。印度尼西亚采取九年义务教育，教育普及率很高，但是相比菲律宾，印度尼西亚的中高端科技人才较为缺乏，因此在社会文化环境上，菲律宾内的中高级人才更能吸引外国投资者的进入。

在法律环境方面，印度尼西亚为控制本国的矿产资源储备量，不断更改矿产相关法律，逐步禁止镍矿的出口，因此中国等投资国家只能发展产品后期冶炼产业，这对外国投资者进入产生了阻碍。自菲律宾与中国建交以来，不断签订双边贸易条约，促进中国的矿产投资，鼓励双方进行贸易往来，因此菲律宾更加吸引中国企业进行矿产投资。

因此，基于社会文化环境与法律环境，相较于印度尼西亚，菲律宾更适合中国企业投资。

6.4.2 越南与菲律宾投资环境对比

在政治环境中，越南在2016年签署了《跨太平洋伙伴关系协定》(以下简称TPP)，TPP国家包括美国、日本、澳大利亚等国家，TPP受美国主导，意在制衡以中国为中心的新兴经济体的发展。因此在这一大背景下，中国应避免与TPP国家进行合作，因此，菲律宾作为非TPP国家，具有投资优势。

在社会文化方面，越南政府虽然逐渐认识到国民受教育的重要性，不断修改教育制度与内容，但是与菲律宾成熟完整的教育体系相比，仍然落后。越南虽国内识字比率达到94%，但是缺少高级知识人才，劳动者的素质较低，因此菲律宾在人才与劳动力素质方面具有投资优势。

在经济发展方面，越南经济发展较菲律宾弱。2021年，越南GDP为3626.19亿美元，而菲律宾GDP达到3919亿美元。

综上所述，基于以上投资环境因素，菲律宾更适合于外国投资的进入。

6.4.3 马来西亚与菲律宾投资环境对比

在政治环境方面，马来西亚虽然政局较为稳定，但是由于其属于TPP国家，且非常重视TPP带来的经济效益，因此已与美国、中国、澳大利亚等国建立对外贸易协定，依靠以美国为首的发达国家提高本国经济，扩大对外贸易格局。这导致马来西亚政府在经济上可能会向美国、日本、澳大利亚等国家靠拢，这一政治环境对中国投资不利。

因此，菲律宾更适合与中国进行投资合作。

6.4.4 泰国与菲律宾投资环境对比

在政治环境方面，泰国由于国王的世袭与内阁的更迭导致政局一直处于不稳定状态，加之受新冠肺炎疫情的影响，反政府抗议活动频发，这也严重影响泰国的经济复苏与发展。相较于泰国复杂的政治制度，小马科斯执政的菲律宾目前处于较为稳定的状态，因此，菲律宾较为稳定的投资环境更加吸引中国企业的投资。

在社会文化方面，泰国社会处于不公平状态，收入分配、教育、司法等方面的不公平导致泰国经济发展的不均衡。泰国虽重视教育，但由于不均衡现象的存在，普及率不高，缺乏高新技术人才，人才的质量与教育的普及率落后于菲律宾。综上所述，菲律宾拥有更加有利的投资环境。

7 对投资菲律宾矿业的建议

中菲双方贸易往来可追溯到宋、元时期。自1975年中菲建交后，两国经贸关系逐步改善，进入21世纪两国合作迈入新的阶段。菲律宾作为一个多元化国家，对其矿业进行投资的行为需要重视与东道国政府、当地居民、民间团体友好关系的建立，满足这种投资环境的人文条件不仅要求投资者单方面的努力，更需要国家层面给予政治互信和经济政策鼓励的支持，以及政府间有关部门的协调。

7.1 加强与当地华人、华商的沟通交流人文沟通的桥梁作用

菲律宾华人占菲律宾全国人口的1.5%左右。由于早期的华文教育欠缺，大多数早期移民的华人多以接受当地语言和文化的教育为主，信奉天主教，融合于菲律宾人民和生活之中。虽然华人总人口较少，但是华人涉及领域广泛，多为零售、矿业、金融、建筑等国家重要行业。华人和华人团体在菲律宾经济活动中发挥着重要的作用。华人在致富的同时，还通过医疗、消防、设立救灾基金等渠道不断帮助菲律宾人民，使菲律宾人民产生越来越浓厚的“亲华”情绪。菲律宾规模和影响力最大的华商组织是“菲律宾工商联合会”。该商会拥有2000个左右的固定企业会员，涵盖100多个地方商会，主要任务是加强与政府有关部门的沟通和联系，是唯一一个具有话语权的华商社团组织。华商定期组织有菲律宾政府官员和全菲工商界代表出席的菲律宾商务大会，共同商讨国家重要经济问题，并纳入法律程序。商社还建有商业信息库、研讨会、论坛等促进国内、国外之间的经贸交流，并积极为新来菲华人解决与劳工问题、矿业权问题、开办企业等相关的法律问题。因此，在进行勘探、开发投资之前，中方应该尽量先与华商组织进行联系沟通，利用华商人脉网络，通过与当地华人企业合资的方式进行矿产资源投资。这样可以大大降低中方投入的资金，享受东道国的优惠政策，还可以有效利用合作伙伴的本地优势，较容易地融入矿产资源矿区所在地，被当地居民和政府所支持。

7.2 重视并应对资源民族主义问题

矿产资源具有地域的附属特性，对矿产资源的勘探和开采，会波及一些不同的利益相关者。菲律宾资源民族主义事件和情绪低于非洲和大洋洲。非洲、大洋洲的一些国家宣布提高政府在矿业项目中的利益，如坦桑尼亚于2011年开始对矿业企业征收利润税，澳大利亚于2010年开始对勘探开发一些矿种所产生的利润征收30%的矿产资源税等。另外，矿工

通过罢工活动要求涨工资也是这些国家资源民族主义的主要表现形式。菲律宾近期虽然还未出现大范围的资源民族主义活动，但是东南亚周边资源国家已经开始相继通过提高税费和禁止出口矿产品原石等支持资源民族主义活动，因此，中方首先要充分掌握菲律宾的政治、经济、宗教信仰等情况，通过两国间已有的双边投资协议、备忘录或积极参与协议或条约的签订行为，可以直接了解并更好地解决投资中的问题。降低资源民族主义的风险最佳方法是主动积极与中国驻外政府机构和当地华商联系，并获得华人华商的支持。同时，中国在进行矿业投资之前应与东道国政府建立透明的投资关系，协助东道国政府、地方政府和当地人民充分了解开采相关项目的价值，而且做好尾矿工作，做好开采前、开采中和开采后的全程环境保护规划，减少当地人民的后顾之忧。

7.3　投资方式多元化，支持民营企业

按照《菲律宾矿业法》规定，“出于从事矿业经营目的而组织或经授权的菲律宾公民、公司、合伙人、协会或合作方，根据相关法律已经注册的，菲律宾公民拥有至少60%以上资本的可以申请矿产协议（MA）”。矿业项目在菲律宾可以由100%的外资控股负责，并且公司所有利润、设备等可以带回母国，菲律宾政府对公司保证不充公没收。自2005年菲律宾政府同意外国投资者可获得开矿权后，菲律宾的矿业增长迅猛。

中国投资菲律宾矿业的主体大多数为购买东道国部分或全部股权，以直接进入市场，收益回报快。但是中小型企业和民营企业很难通过这种方式进行海外矿产资源投资，一是没有足够资金支持，二是融资渠道有限。大型企业具有世界规模级别的投资数量不多，其他项目的投资规模不大，国际竞争力不高。由于矿业投资是高风险行业，若通过银行类金融机构获得贷款，融资成本高，且贷款额度低、期限短。在矿业企业上市和管理制度完善的情况下，证券市场可以满足不同规模矿业企业的融资需求。中国政府也可通过其他财政优惠政策鼓励民营企业积极投资菲律宾矿业市场。促进国家大型企业与民营企业合作协同、优势互补的有序、有效竞争状态，增强中方集体竞争实力，对菲律宾金属矿产资源投资和进口的品位、定价话语权等的提高有一定帮助。

7.4　建立风险规避措施和风险预案

金属矿产资源的投资是一个投资高、周期长、风险大的领域，投资者将面临矿业环境中的各种风险，必须高度重视风险预防和风险预案的可实施性。需综合考虑政治、法律、人文、投资技术、金属矿产资源价格等不同风险，并相应建立不同预案措施。中方应与菲律宾地方政府和矿业权签发机关签订书面保证协议，以防政治动荡带来的单方面违约风险；在保证边际成本最小化的情况下对于投资技术应有一系列采矿、加工、运输等安全预案；运用金融衍生市场，规避或降低投资金属矿产资源所面临的价格波动风险，在期货、期权市场进行套期保值操作；借助中国政府机构渠道，了解更多菲律宾有

关矿业投资的相关法律、法案，并借助国际咨询顾问公司全方位了解并应对有关投资、劳工、矿业权等法律问题。

7.5 带动其他相关项目开发

在对菲律宾的金属矿产资源进行勘探、开发之前，中方企业应全面综合考虑投资环境因素。由于菲律宾多为岛屿组成，国家和私人机场建设相对完善，公路和铁路建设却比较落后。虽然公路覆盖面较广，但是路面状况不佳，一些待勘探的山区或矿区还未建公路，这对今后的开采、运输等具有不利之处。中方可以利用自身优势，联合其他工程公司，同时签订对所勘探开发矿区、山区的道路基础建设、铁路基础建设等项目，不仅解决了矿产运输便利问题，而且扩大了中国对外项目投资，改善了当地人民生活质量，成功获得当地人民的支持与认可。菲律宾出口精炼矿数量巨大，但是多为小规模冶炼厂工作，当地存在冶炼技术较落后，技术人员不足等缺陷，中方可以利用在金属矿物产业链多年积累的技术经验，与当地企业合作或新建厂发展产业下游企业。世界地质公园、矿山公园的建立是尾矿生态修复的一种有效方式，随着菲律宾矿产资源的采掘和产量增加，一些矿区或矿山将面临植被、生态、水资源、大气环境等破坏和土著迁移的问题，中国可以结合国内建设矿山公园经验，对菲律宾的金属矿产、露天开采、井下开采等不同类型的矿山进行不同主题设计的矿山公园建设，这不仅可以促进中国矿业开发产业的发展，为菲律宾土著居民留下宝贵的地质遗产，维持生态环境的可持续发展，而且还可以吸引更多矿山公园的旅游爱好者前往，促进菲律宾的经济发展。

参考文献

埃德 詹姆斯 F，知寒. 1992. 菲律宾的森林消亡与部落解体：巴拉望岛个案研究[J]. 民族译丛(6)：40–48.

蔡茂森，李永. 2011. 国际贸易理论与实务[M]. 北京：清华大学出版社.

蔡元沛，李绥远. 2013. 论中国矿业可持续发展[M]. 桂林：广西师范大学出版社.

陈列甫. 1968. 菲律宾的历史与中非关系的过去与现在[M]. 台北：正中书局.

陈明华. 1999. 当代菲律宾经济[M]. 昆明：云南大学出版社.

陈江生，陈昭明. 2008. 菲律宾经济发展的经验与教训[J]. 中共石家庄市委党校学报(3)：42–45.

陈建宏，古德生. 2009. 矿产资源经济学[M]. 长沙：中南大学出版社.

陈文，麦艺帆. 2021. 中国企业在越南投资的政治风险与防范[J]. 南亚东南亚研究，56(4)：73–87+155.

陈红伟. 2022. 新冠疫情对全球铜产量的影响[J]. 资源信息与工程，37(2)：80–83.

成思危. 2001. 中国境外投资的战略与管理[M]. 民主与建设出版社.

成金华. 2003. 中国矿产资源经济研究综述. [J]. 中国地质大学学报（社会版）(6)：36–40.

成金华. 2012. 矿产经济学[M]. 武汉：中国地质大学出版社.

崔彬. 2015. 现代矿产资源经济学[M]. 北京：中国人民大学出版社.

崔斌. 2009. 中国矿业经济可持续发展得奖金融支持研究[D]. 北京：中国地质大学.

邓宏兵. 2000. 投资环境学[M]. 武汉：中国地质大学出版社.

邓宏兵. 2000. 投资环境原理与方法[M]. 武汉：中国地质大学出版社.

邓宏兵. 2001. 区域投资环境研究[M]. 武汉：中国地质大学出版社.

董晓娟，安海岗，都沁军，等. 2022. 废铜资源全球贸易网络演化特征与响应策略研究[J]. 复杂系统与复杂性科学，19(2)：104–110.

杜劲光. 1984. 菲律宾地质矿产概况[J]. 地质与勘探(9)：33–36.

冯进城. 2010. 中国金属矿产资源安全评价[D]. 武汉：中国地质大学.

付晓东，胡铁成. 2004. 区域融资与投资环境评价[M]. 北京：商务印书馆.

付晓东，文余源. 2005. 投资环境优化与管理[M]. 北京：中国人民大学出版社.

傅明珂. 1993. 国际矿业投资环境立法与政策[M]. 北京：地震出版社.

高伟浓，汪鲸. 2009. 政治传统、宗教和殖民历史对东南亚民主政治的影响：以菲律宾和马来西亚为例[J]. 东南亚南亚研究(4)：11–15+89.

高歌. 2011. 投资东盟[M]. 南宁：广西人民出版社.

谷孟宾. 2012. 区域投资环境评价：理论、实践与反思[M]. 北京：社会科学文献出版社.

郭信昌. 1993. 投资环境分析、评价、优化[M]. 北京：中国物价出版社.

郭峰濂. 2006. 中国矿产资源开放型保障研究[D]. 长沙：湖南大学.

郭进平，卢皎白，程相琛，等. 2022. “一带一路”矿产资源开发国际合作模式研究[J]. 采矿技术，22(5)：224-229.

韩见，夏鹏，邢佳韵，等. 2021. 后疫情时代中国同资源供应形势分析[J]. 地球学报，42(2)：223-228.

韩雨彤，董木兰. 2023. 伦敦镍“史诗级”逼空风险事件反思与展望[J]. 现代商业，664(3)：96-100.

洪汉净，于泳，郑秀珍. 2003. 全球火山活动分布特征[J]. 地学前缘(10)：11-16.

洪汉净，刘辉. 2007. 火山活动状态及其机理的初步探讨[J]. 地震地质(3)：502-512.

胡存智. 2009. 全国矿产资源规划研究[M]. 北京：地质出版社.

霍晓萍，付伟. 2011. 中国投资东南亚红土型镍矿的现状与对策建议[J]. 对外经贸实务(1)：79-81.

霍晓萍，付伟. 2012. 中国企业投资东南亚红图形镍矿的SWOT分析及战略选择[J]. 资源与产业(2)：18-25.

计启迪，刘卫东，陈伟，等. 2021. 基于产业链的全球铜贸易网络结构研究[J]. 地理科学，41(1)：44-54.

金应熙. 1990. 菲律宾史[M]. 开封：河南大学出版社.

雷涯邻，徐向阳. 2004. 中国稀缺矿产资源对外投资战略选区的思考[J]. 技术经济与管理(6)：31-47.

雷涯邻. 2006. 中国矿产资源跨国经营理论与实践[M]. 北京：地质出版社.

李辉. 2008. 发展中国家对外直接投资决定因素研究[M]. 北京：中国人民大学出版社.

李烈干. 2015. 投资东盟国家矿业需“吃透”相关政策法规：东盟国家矿业投资相关政策法规概览[J]. 南方国土资源，154(10)：12-13.

李涛，陈丙先. 2012. 东南亚研究（第1辑）：菲律宾概论[M]. 北京：世界图书出版公司.

李详仪，李仲学. 2011. 矿业经济学[M]. 北京：冶金工业出版社.

李昱岩. 2006. 蒙俄和黑龙江矿产资源优势比较与矿业投资环境评价[D]. 北京：中国地质大学.

林平. 2008. 中国矿产资源对外投资战略研究[D]. 北京：中国地质大学.

林秦喜，时殷弘. 2014. 韩国海外资源开发战略：重点突进、综合交易及其他[J]. 当代亚太(2)：54-65.

刘学敏. 2008. 资源经济学[M]. 北京：高等教育出版社.

刘仁伍. 2009. 东南亚经济运行报告2009[M]. 北京：社会科学文献出版社.

刘成忠，等. 2009. 菲律宾吕宋岛红土型镍矿地质特征及勘查开发进展[J]. 江西有色金属(6)：3-10.

刘冰川. 2012. 菲律宾铜、镍矿产资源[J]. 矿产资源(28)：24-25.

刘优，任天舒，乔龙，等. 2020. 海上丝绸之路背景下印尼的投资环境分析[J]. 山西师范大学学报（自然科学版），34(2)：114-119.

卢汉林. 2012. 国际投资学[M]. 北京：高等教育出版社.

罗婷婷，毕文璐. 2018. 南海争端背景下印尼对华政策的变化及成因[J]. 国际关系研究(4)：77-92+155.

麦肯齐 B. W. 1985. 矿产经济学[M]. 北京：冶金工业部出版社.

毛小兵. 2006. 论中国矿业企业集团的矿产资源战略[D]. 长沙：中南大学.

聂名华. 1991. 投资环境评价方法的比较研究[J]. 数量经济学技术经济研究(1)：66-72.

牛文元. 2007. 中国可持续发展总纲 第一卷：中国可持续发展总论[M]. 北京：科学出版社.

彭颖，邓军，王安建，等. 2010. 日本海外矿产资源获取机制分析[J]. 地球学报，31(5)：711–719.

蒲含勇. 2000. 矿业国际投资环境比较分析[J]. 矿产保护与利用(5，6)：5–9；12–16.

邱东. 1990. 多指标综合评价方法[J.]统计研究(6)：43–51.

饶富，马恩，郑晓洪，等. 2021. 硫化镍矿中镍提取技术研究进展[J]. 化工学报，72(1)：495–507.

沙景华，周进生. 2009. 西部十二省矿业投资环境研究[M]. 北京：地质出版社.

沈红芳. 2012. 改朝换代后的菲律宾经济：2011年回顾与展望[J]. 南洋问题研究(2)：1–10.

施俊法. 2006. 世界矿情（亚洲卷）[M]. 北京：地质出版社.

施雪琴. 2004. 西班牙天主教在菲律宾：殖民扩张与宗教调适[D]. 厦门：厦门大学.

宋国明. 2007. 菲律宾矿业管理和政策措施[J]. 矿产资源(8)：29–32.

宋国明. 2010. 菲律宾的矿业投资环境[J]. 世界有色金属(4)：26–28.

宋国明. 2010. 菲律宾金属矿业概览[J]. 中国金属通报(5)：36–37.

宋国明. 2011. 东盟矿业投资环境[J]. 国土资源情况(2)：21–50.

唐玉浩，崔彬. 2018. 菲律宾矿业及相关产业投资前景分析[J]. 中国矿业，27(8)：56–61+87.

王安建. 2003. 矿产资源与国家经济发展[M]. 北京：地震出版社.

王勤. 2014. 东南亚蓝皮书：东南亚地区发展报告（2013—2014）[M]. 北京：社会科学文献出版社.

王庆金. 2008. 投资环境评价[M]. 北京：中国标准出版社.

王珊. 2013. 阿基诺三世上台以来的中菲关系研究[D]. 湘潭：湘潭大学.

王士录. 2011. 东南亚报告2010—2011[M]. 昆明：云南大学出版社.

王正立. 2008. 东南亚国家矿业投资环境分析[M]. 北京：中国大地出版社.

魏文利，徐书奎，李道丰，等. 2012. 菲律宾三描礼红土型镍矿地质特征及成因探讨[A]. 河南地球科学通报，2012卷（C）.

吴杰伟. 2000. 菲律宾穆斯林问题溯源[J]. 当代亚太(12)：25–29.

吴良士. 2012. 菲律宾地质构造及其区域成矿主要特征[J]. 矿床地质(6)：642–644.

吴丽敏. 2008. 中国资源型企业海外拓展战略研究[D]. 厦门：厦门大学.

吴鹏，卢健. 2022. “三重” 拉尼娜来了！今年会是冷冬还是暖冬[J]. 生命与灾害(11)：28–29.

吴荣庆，胡小平. 2001. 拉丁美洲若干国家矿业投资环境分析和比较研究[M]. 北京：中国大地出版社.

吴时国，范建柯，董冬冬. 2013. 论菲律宾经板块大地构造分区[J]. 地质科学(7)：677–692.

谢尚克，伊海生，杨永飞，等. 2022. 印度尼西亚矿业开发现状研究[J]. 中国矿业，31(2)：46–50.

徐书奎，刘娟. 2012. 菲律宾阿特拉斯铜矿地质特征及找矿方向[J]. 现代矿业(1)：47–49.

元春华，韩九曦，刘大文，等. 2012. 全球铜矿资源潜力探析[J]. 中国矿业(11)：1–5.

曾珠，武留梅. 2020. 中国企业对泰国直接投资：环境透视、发展困境与应对策略[J]. 成都大学学报（社会科学版）(1)：24–32.

张敦富. 1999. 投资环境评价与投资决策[M]. 北京：中国人民大学出版社.

张锦高. 2003. 可持续发展经济学[M]. 武汉：湖北人民出版社.

张汉亚. 2005. 投资环境研究[M]. 北京：中国计划出版社.

张文驹. 2007. 中国矿产资源与可持续发展[M]. 北京：科学出版社.

张世超. 2009. 中国非能源类矿业海外拓展企业战略与风险控制研究[D]. 长沙：中南大学.

张光进，徐帅，罗辉. 2012. 矿业投资环境评价研究述评[J]. 中国国土资源经济，25(9)：33–36+55.

赵百胜，张建龙. 2011. 菲律宾的矿业管理及矿业投资环境[J]. 中国矿业，20(7)：6–9+13.

赵春明. 2012. 跨国公司与国际直接投资[M]. 北京：机械工业出版社.

赵凤彬. 1995. 国际投资[M]. 长春：吉林大学出版社.

赵明东，林刚，许珂，等. 2013. 越南矿业投资风险分析[J]. 国土资源情报，152(8)：18–21.

郑军健. 2012. 中国-东盟商务年鉴2012[Z]. 南宁：广西人民出版社.

郑明贵. 2011. 矿业投资决策理论与方法[M]. 北京：冶金工业出版社.

郑明贵，胡志亮，潘咏雪. 2020. 我国周边国家矿业投资政治经济环境评价研究[J]. 中国矿业，29(12)：6–14.

周宏春. 2005. 中国矿产资源形式与对策研究[M]. 北京：科学出版社.

周凯峰，燕永锋. 2012. 云南周边五国矿业投资环境的可拓研究[M]. 昆明：云南科学技术出版社.

朱光娅. 2013. 中国矿业企业海外并购现状评价与政策建议：基于五矿集团的海外并购案例[D]. 呼和浩特：内蒙古大学.

朱利明，沐择凤，魏娜. 2011. 区域矿业投资环境评估体系构建研究[J]. 矿山机械，39(8)：4–8.

朱振明. 2003. 菲律宾经济的恢复与发展[J]. 印刷世界(5)：33–36.

庄国土. 2003. 文明冲突，抑或社会矛盾——略论二战以后东南亚华族与当地族群的关系[J]. 厦门大学学报(哲学社会科学版)(3)：70–77.

Kitcharoenkarnkul T. 2017. 泰国的投资环境研究[D]. 厦门：厦门大学.

Charles J Johnson. 1990. Ranking countries for minerals exploration[J].Natural Resources Forum (8): 178–186.

Craig B Andrews. 1991.Mining investment promotion [J]. Natural Resources Forum (2): 50–58.

David Ricardo. 2004. Principles of political economy and taxation [M]. New York：Dover Publications Inc.

Donella H Meadows, Jorgen Randers, Dennis L Meadows. 2004. Limits to growth: The 30–year upgrade[M]. 3rd Edition. [S. I.] Chelsea Green Publishing.

Ernst Young. Business risks facing mining and metals [EB–OL]. 2012—2013. https://www.ey.com.

Fraser Institute. Survey of mining companies [EB–OL]. 1997—2014. https://www.fraserinstitate.org/.

George F, Becker. 2012. Report on the geology of the Philippine Islands[M]. [S. I.] Ulan Press.

Jeffrey Davidson. 1993. The transformation and successful development of small–scale mining enterprises in developing countries [J]. Natural Resources Forum (11): 315–326.

Kyla Tienhaara. 2006. Mineral investment and the regulation of the environment in developing countries: lessons from Ghana [J]. International Environment Agreements (6): 371–394.

Naito K, Myoi H, Otto J, et al. 1998. Mineral projects and in Asian Countries: Geology, regulation, fiscal regimes and the environment [J]. Resources Policy, 24(2): 87–93.

Paul Hutchcroft. 1999. After the fall: Prospects for political and institutional reform in post–crisis Thailand and the Philippines [J]. Government and Opposition (10): 473–497L.

Saburo Lenaga. 1978. The pacific war: World War Ⅱ and the Japanese, 1931—1945[M]. NewYork： Pantheon Books.

William N Holden, R Daniel Jacobson. 2006. Mining amid decentralization. Local governments and mining in the Philippines [J]. Natural Resources Forum, 30, 188–198.

William N Holden. 2005. Civil society opposition to nonferrous metals mining in the Philippines [J]. International Journal of Voluntary and Nonprofit Organization (9): 223–249.